# 阅读者的力量

## 国内知名读书会访谈录

常昕 主编

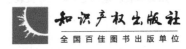

知识产权出版社

全国百佳图书出版单位

**图书在版编目（CIP）数据**

阅读者的力量：国内知名读书会访谈录 / 常昕主编 . — 北京：知识产权出版社，2018.3
ISBN978-7-5130-5432-4

Ⅰ. ①阅… Ⅱ. ①常… Ⅲ. ①读书活动 – 介绍 – 中国 Ⅳ. ①G252.17

中国版本图书馆 CIP 数据核字（2018）第 034520 号

**内容提要**

阅读是一项拓展视野、宏观思维、知识交流、提升生活品质的活动，读书会响应我国"全民阅读"工程的号召，是为了大家学习知识、交流思想而组织起来的公益机构，并依靠出版社、知名作者、新闻媒体、志愿服务组织等社团，组织丰富多彩的活动。读书会的主旨是为社会各界读者提供一个思想交流的平台，希望大家在思想碰撞中成长，在彼此交流中进益。

责任编辑：李　娟　　　　　　　　　　　　责任出版：孙婷婷

**阅读者的力量：国内知名读书会访谈录**
YUEDUZHE DE LILIANG：GUONEI ZHIMING DUSHUHUI FANGTANLU

常　昕　主编

| | | | |
|---|---|---|---|
| 出版发行：知识产权出版社有限责任公司 | 网　　址：http：//www.ipph.cn |
| 电　　话：010 – 82004826 | 　　　　　http：//www.laichushu.com |
| 社　　址：北京市海淀区气象路50号院 | 邮　　编：100081 |
| 责编电话：010 – 82000860转8689 | 责编邮箱：lijuan1@cnipr.com |
| 发行电话：010 – 82000860转8101 | 发行传真：010 – 82000893 |
| 印　　刷：北京中献拓方科技发展有限公司 | 经　　销：各大网上书店、新华书店及相关专业书店 |
| 开　　本：720mm×1000mm　1/16 | 印　　张：11 |
| 版　　次：2018年3月第1版 | 印　　次：2018年3月第1次印刷 |
| 字　　数：169千字 | 定　　价：58.00元 |

ISBN978 – 7 – 5130 – 5432 – 4

# 序

　　这本书是北京印刷学院新闻出版学院新闻专业的同学们在常昕老师带领下共同完成的，但和人民出版社原社长黄书元先生及其得力干将徐庆群女士有关，此事要先从党的十八大说起。

　　党的十八大报告首次将"开展全民阅读活动"纳入社会主义文化强国建设的宏观战略之中，"全民阅读"也连续多年被写入政府工作报告。在中央全面推进"全民阅读"大背景下，2014年8月，人民出版社青年志愿者协会联合中央和国家机关各部门及所属企事业单位志愿服务组织共同发起成立了先进青年自组织——读书会。

　　2015年2月，时任国家新闻出版广电总局出版管理司司长的张福海同志造访北京印刷学院并发表讲话，提出"固本守正、两翼齐飞"的出版行业管理新理念，特别介绍"两翼"分别指的是出版和阅读。阅读原本是一种个人行为，之所以能成为一个行业，是因为数字阅读平台的出现，它们催生了阅读产业链，促进了阅读产业成长，从根本上为全民阅读提供了基础服务并有效地促进了全民阅读。

　　2015年4月，在咪咕阅读平台支持下，首届中国数字阅读大会在浙江杭州举办。此次大会联合中国移动、中国青年出版社、中央人民广播电台、香港联合出版集团等领军企业，共同推出了"2015数字阅读+"计划，助力全民阅读。2015年5月4日，人民出版社成立数字阅读部（读书会办公室），专门负责读书会各项工作，负责人为徐庆群女士。

2015年10月，时任人民出版社社长黄书元先生莅临北京印刷学院，受聘为北京印刷学院兼职教授，并在新闻出版学院举办学术讲座，明确提出要创立读书会社交平台，并请广大师生代为设计标志。12月31日，黄书元社长和北京印刷学院党委刘超美书记共同为读书会社交平台标志揭幕。标志以3本打开的书寓意读者、作者、编者，意味着以读书为媒介，在交流、交际、交易中交锋思想、启迪智慧，开创读书"云"时代。

在揭幕大会当天，读书会办公室徐庆群主任向媒体透露，读书会将在全国各个省（区、市）建立读书会线下分会，并筹备成立全国读书会联盟，倡导大家读好书。此外，还与北京印刷学院商定联合成立读书会研究会，研究阅读行业前沿问题，探索民间读书会组织运营模式，总结全民读书活动宝贵经验。

以上就是本书的写作背景及意义。为了配合本书的写作，在徐庆群女士的领导下，人民出版社读书会办公室自2016年春季开始，积极举办全国读书会联盟培训班，在全国范围内邀请成功的民间读书会组织进京联谊。北京印刷学院新闻出版学院派出常昕老师带队的学生采访队伍，每期跟班活动，完成多次采访，写出了本书初稿。

本书的采访对象，都是读书会的创始人或负责人，他们来自全国各地，来自各行各业。这一方面说明全民读书活动拥有深厚的群众基础；另一方面说明全社会已经动员起来，正在积极建设"书香中国"。本书以访谈形式，深度发掘民间各类读书会的创设初衷、运作理念、选书原则、特色活动、成员结构、运营模式、经费投入、未来构想等有价值的内容。把不同的几十个读书会凑在一起写成一本书之后,我们能看到大家推广全民阅读活动的有效方式和卓越努力;能看到政府作为推动者的工作抓手;能看到阅读平台的入场机会;能看到阅读产业的发展动力及发展前景。

北京印刷学院新闻出版学院自2015年以来,也积极关注阅读产业发展,积极投身全民阅读推广活动。新闻出版学院聂震宁院长身为全国政协委员,多年来一直致力于此项工作,数度提案呼吁立法,发起和倡议全民阅读。而且聂震宁院长本人率先垂范,以身作则,积极参与人民出版社读书会各项活动及北京市历年读书季活动,不仅提出了推广全民阅读的理念、思路、做法,而且不辞辛苦,深入全国各地指导全民阅读推广活动。本书的写作与出版,也得到了聂震宁院长的亲切指导和大力支持。

应该说,在新的历史条件下,深入开展全民阅读,对于提高公民的思想道德素质和科学文化素质,培育和践行社会主义核心价值观,传承中华优秀传统文化,满足人民群众日益增长的精神文化需求,对于全面建成小康社会,实现"两个一百年"宏伟目标、实现中华民族伟大复兴"中国梦",具有重大而深远的意义。《中华人民共和国国民经济和社会发展第十三个五年规划纲要》要求"推动全民阅读",并将全民阅读工程列为"十三五"时期文化重大工程之一,这标志着全民阅读已经上升到国家战略的高度,笔者热切希望能为推动全民阅读做出自己的贡献。

到本书付梓出版之际,黄书元先生由于年龄原因已退休,徐庆群女士也因为工作需要由人民出版社调到国家外国专家局,但是推动全民阅读的队伍中有过他们的身影,我们也应该铭记他们付出的努力和做出的贡献。所以,这本书不仅与他们两位有关,也应该是献给他们的,献给每一位推广者和阅读者的。

感诸君诚勇勤勉恭立此序并祝伟大祖国遍地随时皆有书香！祝中华民族伟大复兴早成现实！

魏　超

2017 年 10 月 12 日

# 目　录

# 延伸阅读服务触角　推进地方全民阅读

## ——专访山西省朔州市一品书香读书会发起人王芳芳

张桂平

　　一品书香读书会是由山西省朔州市图书馆为读者打造的阅读空间，由图书馆读者服务部负责人王芳芳发起。在推进全民阅读的过程中，读书会于朔州市而言，发挥着不可替代的重要作用。而面对读书会发展过程中不可避免的现实问题，一品书香则在商业合作、宣传推广及不断扩大自身影响力与服务范围上有着独特的解决之道。

## 创始初衷——服务读者

　　2012年，朔州市图书馆开馆，次年成立书友分享会，也就是一品书香读书会的前身，"一品书香"这个名字是近期才诞生的。虽然只有4年不到的发展历史，但依托朔州市图书馆这一平台，读书会规模发展迅速。朔州市图书馆拥有3万多名读者，这些读者都是读书会潜在的参会成员，固定参与读书会活动的成员将近500人。

　　读书会发起人王芳芳表示，在成立书友分享会之前，作为朔州市图书馆读者服务部的负责人，她在日常工作中发现，无论是图书馆、读者还是合作商家,他们都在渴求着一个可以联结三方资源的平台。图书馆在成立书友共享会之前也会举办类似于读书会的工作,但由于缺少统一、完整的工作机制,无论在活动前期的宣传推广、招商合作,还是活动的内容质量、影响范围上,都很难达到各方预期的效果,对活动的可持续开展形成了阻碍,在读者群中的口碑影响力也很难形成。当时,工作人员虽然做了大量烦琐的工作,付出了不少精力,但实际效果并不显著。

为了向读者提供更加丰富的阅读资源和更多专业的讲师资源,为了使图书馆在扩大其活动影响力的同时减轻资金和场地负担,并让工作人员的工作效率得以提升,王芳芳决定带头成立书友分享会。

"我只是尽自己的绵薄之力,做自己乐意去做的事情罢了。"王芳芳口中的"绵薄之力",却为朔州市人民带来了福音。从此,朔州市那些真正喜欢读书、有读书需求的人都能够聚集在一起,在书友分享会的平台上共同参与、抱团成长。

## 商业合作——互利共赢

资源,是维系一个读书会正常运行的必须保障,也是当前许多读书会都面临的老难题。王芳芳承认,一品书香读书会也受资源来源问题困扰已久,政府的支持与图书馆的部分运营经费还不足以支撑起读书会活动的经费所需。通过与朔州市本地各大商家的逐步合作,读书会在一次次活动的举办中也逐渐形成稳定且不断扩大的商业合作资源网。

如今,一品书香读书会活动多数是以与商家合作这一形式展开的,资金大部分来源于商家,通过各类活动的开展与商家形成合作模式上的良性循环。据王芳芳介绍,他们有时会根据读书会的主题来选定合作商家的性质,如举行茶文化主题读书会时就寻找合适的茶行合作,举行咖啡文化主题会就会与环境装修优美的咖啡馆合作，举行摄影作品分享会时则与专业的摄影机构合作等。

通过利用商家提供的场地与产品举行主题读书会，书友们在享受产品与服务的同时参与活动，在活动中可能就会成为商家潜在的消费客户。商家提供基本的饮品，有时还会赞助小礼品，读书会成员们在优美的环境中也享受到了更加高质量的读书会活动体验。对一品书香读书会而言，与商家的合作，则让他们省时、省力、更省钱，在人力资源、经济资源都得到更充裕的补充后，读书会活动也得以更高效、更顺畅地举办，同时对读书会自身的口碑与影响力的提升也是大有裨益的。

但是王芳芳也表示，在享受着商业合作带来的益处的同时，这种活动模式也存在着一定的弊端。"我们在对参与当期主题读书会成员进行前期招募时，会遇到这样一个问题：一些读者会觉得活动的商业味儿太浓了，他们可能只是想要一个能与志同道合的书友们交流收获的平台。"她表达了读书会在"活动资源来源""活动性质单纯"两者之间的艰难取舍。经讨论，读书会在进行合作商家招募时，前期会与商家在商业性质比重方面做较多的沟通工作，协调与商家的合作关系，尽量不涉及广告。

## 特色活动——线上、线下同步开展

多元的活动是读书会丰富内涵、不断成长的不二途径，也是读书会成员们联系感情、交流收获、提升自我的有力平台。一品书香读书会利用当今发达的网络社交媒体资源与商业合作所得的现实资源，线上、线下两条主线同步开展丰富多彩的活动。

线上活动以各类文艺形式的交流分享为主，在一品书香读书会集体的微信群中，会员们将自己近期的作品进行分享，如绘画、书法、茶艺、手工、剪纸等。既发挥了会员们各自的文艺特长，也在分享中互相交流、探讨得以提升。会员们也会将自己的电子读书资源在群中进行分享，并表达自己的读书心得，线上的讨论弥补了举办线下活动的时间、地点等客观局限，书友们随时随地发表自己的看法，阅读氛围十分浓厚。

线下活动以举办各种主题读书会的形式为主，如经典文学读书会、汉赋读书会等。"每一季读书会主题的确定，我们在考虑社会热点主题的同时，会员们的意见是我们非常看重的参考选项，"王芳芳说："这一季的读书会主题为国学吟诵，是会员们在群中对近期大热的有关中国传统文化的电视节目进行讨论时，激发出的灵感所得。"一个主题的确定，往往是这场读书会活动是否能圆满完成的关键所在，一品书香认真商定每个主题读书会的选题，力争做到大众喜闻乐见。

一品书香读书会也注重与当地学校合作，走进中北大学朔州分校，成立一品书香读书会分会，由学校心理健康中心承办。校内读书会每周邀请一些朋友分享心灵美文、励志故事，一起来体会读书的乐趣、分享读书心得，借读书的契机，激发师生思考，让参与者开阔视野、拓展思维、交流知识、提升自我，享受阅读，体味快乐。每两周围绕一个主题开展读书会活动，大家坐在一起分别朗读相关书籍，并谈谈自己的理解和感受，最后总结出本次主题读书会的体会，发布在微信公众号上，并公布下一期主题，对此主题感兴趣的人可以报名参加下一次的活动。由于承办单位为学校心理健康中心，校内读书会主题大多与心理相关，如幸福感、得与失、嫉妒、认识自我等。一品书香读书会通过与学校合作的方式，不仅扩大了其自身的影响力，也丰富了同学们的课余生活、提高学生的阅读兴趣、带动校园文化的阅读氛围，让中北大学朔州分校的师生们受益匪浅。

## 专业指导——不断扩大合作

读书会的专业指导工作关系着读书会的阅读品质,一品书香读书会得益于图书馆这一平台,团队成员都是专业的图书馆员,基本文学素养有所保障。另外,读书会能接触到的专业资源也比较丰富,目前,读书会与当地的作家协会、电视台及民间组织合作,请当地知名度较高的主持人、文化学者等参与到读书会的指导工作中来。

随着读书会的不断深入发展,王芳芳也发现,想要打造更高品质的读书会,必须拥有更高要求的领读人,仅有市里的这些资源是远远不够的。一品书香读书会之前遇到过一些领读人、参与主体的个人修养水平参差不齐的情况,所以扩大对外的人才合作迫在眉睫。深知身处朔州这样一个小型城市,讲师资源不够丰富这一短板,一品书香目前正设法与山西省图书馆达成合作,以形成讲师资源的相互流通,为读书会注入新鲜力量。同时,他们也想借加入人民出版社发起创办的"全国读书会联盟"这一契机,充分利用出版社的资源和读书会联盟的平台,不断与更多的市外组织形成良好的资源合作。

## 宣传推广——联合地方各类媒体

"全民阅读"热潮中兴起的大大小小的读书会中,普遍存在着"缺乏推广机制"的问题,一品书香读书会之所以能在当地有着如此广泛的知名度和影响力,得益于其全面的宣传推广方式。

依托朔州市图书馆这一平台,一品书香读书会和各类媒体,如省级日报、市级电视台、新闻网及一些在当地颇有影响力的自媒体,都存在着长期、深入的合作。活动开始前,读书会工作人员会提前与相关媒体记者联系，首先表明本次活动的主题、意图，通过沟通讨论此活动对该媒体是否具有宣传价值和宣传点。前期沟通达成一致意见后，再告知媒体活动的相关事宜，活动前期进行宣传预热并在活动举行当天到达现场，参与采访。这是对电视台、报社、新闻网这类媒体而言，而与自媒体的协商则相对更加简单些：待电视台、报社、新闻网等媒体发出新闻稿件后，自媒体平台转发即可。

与当地的各类媒体有着如此全面的合作，使得一品书香读书会举办的活动曝光率一般都比较高，促使活动更加顺利举办，在当地也能形成一定影响力。

## 城市书房——服务触角再延伸

2012年11月"开启全民阅读活动"写进党的十八大报告，2014年3月"倡导全民阅读"首次写进政府工作报告，政府层面吹起了一股股强劲东风。推进全民阅读离不开完善的公共文化服务体系，自此城市书房开始逐步深入百姓生活。山西省首家城市书房"圕·书房"也于2017年4月18日在朔州市泊咖咖啡馆正式开馆——这也是朔州市图书馆为进一步延伸阅读服务的"触角"开辟的新阵地。

朔州市图书馆积极与社区、企业、商家等单位合作共建，由合作机构提供场地和基础硬件设施，市图书馆负责书房整体设计、自助机器、图书采购配送等，多源头吸纳社会力量参与。同时，城市书房与周边的商业、休闲、居住等场所互补互动，发挥文化融合引领的作用，形成一个完整的社会功能和良性的社会生态区域。朔州市"圕·书房"是以自助实体图书馆为馆社基础而创建的一个全开放、零门槛、高品位的城市阅读服务体系。作为一种崭新的公共文化服务形态，"圕·书房"将全面融入朔州市民的精神文化生活,成为朔州的文化地标。

　　截至目前,朔州市已经形成1家总馆、18家分馆、1家城市书房、1家流动图书馆、2家24小时自助图书馆的格局,构建起了总分馆、流动图书馆、掌上图书馆、24小时自助图书馆的公共阅读服务体系。

　　王芳芳认为,市图书馆公共文化服务体系的不断发展完善,对一品书香读书会是一件莫大的幸事:"图书馆发展得越好,读书会的平台也就越广,机会也就越多,实力也就越强。"基于现今的发展基础,读书会不仅拥有了更多可活动的场地及图书资源,在主题活动开展的同时也将吸纳进更多的受众,进一步延伸其服务范围,影响力将稳步提升。

　　未来,一品书香读书会的发展目标范围将不仅仅局限于朔州,它将走的更远,服务更多热爱阅读的书友们。

# "读好书，做实事"，人文主义引领下的青莲之路

## ——专访青莲读书会山西青年读书学习联盟发起人吴恺

陈襄茗　石　尚

陈襄茗：读书会成立的背景和初衷是什么？什么时间成立的？

吴恺：青莲读书会发起于2013年9月，同年11月开始活动，是由山西省青年联合会委员为主体，吸收社会各界喜爱阅读学习的优秀青年共同组成，以读书、学习为主要活动形式的、公益性的青年社会组织。我是山西省青年联合会委员，多年来一直从事青年工作，想让大家把阅读这件事做得更好。常常思考：青年人玩乐聚会之外，我们能不能一起做一些有益、有趣的事情？这是我发起读书会的初衷。

陈襄茗：青莲读书会大致的发展历程是怎样的？组织活动的基本思路是什么？

吴恺：我们从2013年开始活动，3年多的时间里，我们举办的线下活动有150多场，紧密结合读书实践，场场不重样。读书应该是最时尚、最流行的。我们以传统文化为主体，结合时代前沿知识，形式多种多样。

在田间地头、在工厂车间、在高校校园；在一切可能作为学习场地的地方用一切灵活的形式来进行集体的阅读学习。

其实在青莲读书会成立之初，我们并没有想把它做得多么"高大上"，也没有定一个非常宏远的终极目标，只能说这个过程就像滚雪球，在做的过程中一点点完善。可能我们每个人多推一点、多做一点，它就会走得远一点、走得好一点、走得稳一点，这是我们的一个好的想法。目前，省委宣传部、省新闻出版局、省文化厅、省图书馆、省博物院，还有一些出版单位、书店和文创单位都对我们读书会表示出极大的关注。有关单位表示，青莲读书会做的正是他们想做的，称赞我们的组织建设已经初具规模，这无疑给了我们很大的鼓励。包括这次参加"全国读书会联盟"培训活动，更加印证了我内心一直以来的感受。

针对青年所关注关心的内容，青莲读书会专门构筑"青春阵地"，筑牢"青春党建"的基础，从青年的角度出发，用青年喜欢的语气和口吻，传播党建团建知识，搭建成长成才平台。吸引机关、学校、国企等部门，尤其是从业在非公有制经济组织与新社会组织的青年。把引导青年读书与助力青年进步结合起来，主动迎合青年的差异化需求，以促进其成长成才为目的，将政治、业务、新知识学习融入健康向上的读书学习活动。一方面与各单位的中心工作相结合，推动青年岗位能手的培养；另一方面探索"青春模式"，谋划青春创意。与党支部生活有机结合起来，遵循受广大青年喜爱、有利于组织发展、党员进步的原则，尝试资源对接、内容混搭等，赋予青春党建针对性、实践性、时代性，增强对年轻人的吸引力。

我们做读书会，不是要吸引人眼球，更不是自卖自夸的作秀，正如我们一直坚持的"不作秀，做实事"。如果有人能因为我们分享的一本书、我们交流讨论中的一句话、我们举办的一次活动，甚至是我们对待阅读、对待读书人的态度而对读书这件事情产生兴趣、产生感恩的心，我觉得这就是青莲读书会的意义所在。"青莲读书会"并不是见谁都要长篇大论教育一番，而是引导读者通过读书学习形成自己的气质，让这种阅读的气质落实在他的每一个表情、眼神、待人接物里面，包括我们讲"言谈悦人心"。我们说的每一句话都可能会影响到别人对于读书这件事的看法和认知。

陈襄茗：现在有多少成员？成员的主要构成是什么？

吴恺：青莲读书会总会大概有500人，现在有地市、国企、公司、高校、银行、基层公安机关分会6家，分会会员5000多人，影响人群近5万人。山西省有11个市，我们将依托各市的青年联合会成立青莲读书分会。当前正处在国企的转型期，国企改革的攻坚期，作为国企改革中坚力量的青年，更应该成为国企改革和发展的生力军。我们专门发起了"青年奋发进取，关注国企改革"活动，到煤矿井下生产一线，把读书会的精神送到工人心里，就是希望更多的山西青年学习省委、省政府的部署要求，掌握市场化、现代化、国际化新形势，进一步增强热爱山西、了解山西、服务山西的积极性，在各自的岗位上发挥更大的作用。

按照全国高校思想政治工作会议要求，青莲读书会将在山西高校中逐步建立读书分会，教育引导学生正确认识世界和中国发展大势，从中国共产党探索中国特色社会主义历史发展和伟大实践中，认识和把握人类社会发展的历史必然性，认识和把握中国特色社会主义的历史必然性，不断树立为共产主义远大理想和中国特色社会主义共同理想而奋斗的信念和信心；正确认识中国特色和国际比较，全面客观认识当代中国、看待外部世界；正确认识时代责任和历史使命，用"中国梦""激扬""青春梦"，为学生点亮理想的灯、照亮前行的路，激励学生自觉把个人的理想追求融入国家和民族的事业中，勇做走在时代前列的奋进者、开拓者；正确认识远大抱负和脚踏实地，珍惜韶华，把远大抱负落实到实际行动中，让勤奋学习成为青春飞扬的动力，让增长本领成为青春搏击的能量。

青莲读书会未来将更多关注在校学生、"留守儿童"、农民工群体，更加关注国企改革、精准扶贫，把读书的好理念和好书送到需要的人们手里。我们一开始的观点是读书这件事是不是应该圈子小一点，效果好一点，让每一个读书者都能入眼、入耳、入脑、入心。"青莲读书会"不是想搞人海战术取胜，更不是作秀。但是现在发现，这么多人有这种阅读需求，这就给我们提出了一个新的问题，我们有没有这个能力把这件事做好？我们在读书会运营规划设计上有没有可能进一步完善？我们有没有做好瞬间涨粉十几万人的准备？我们能不能做好对读者进行分层管理，并分众定位提供精准阅读服务的准备？这也是我们最近在筹备和思考的事情。其实我们也考虑过，摊子大了、人多了，需求复杂多样，管理上有难度，一旦效果打折扣怎么办？我觉得，青莲读书会应该像个能量场、加油站、打气筒，更是充电座。我们在完成各自本职工作的同时，付出辛劳和心血，正是为了让更多像我们这样的人，有更多的获得感、参与感和归属感。我们始终坚持一颗虔诚的心，认真对待阅读这件事情，努力向前推动。

陈襄茗：青莲读书会举办过哪些独具特色的创意活动？您印象最深的活动是哪一次？

吴恺：青莲读书会在3年时间里举办了150多场不重样的活动，密度比较大，平均每个月都有四五场活动。每年的4月23日"世界读书日"，我们都会举办一个大型的主题活动；另外11月20日，是我们第一次举办活动的纪念日，也会考虑做一个规模较大的活动。这是每年的两个大的活动时间点。

青莲读书会的活动比较有特色、接地气。2015年年初，积极响应习近平同志学习家风的要求，青莲读书会在常家庄园书屋里专题学习了晋商常家家训。2016年7月，中纪委监察部网站推出乔家大院"六句话"家规后，又第一时间组织同学们到祁县乔家大院实地学习晋商治家精神；组织同学们到全国农业红旗村汾阳市贾家庄村学习艰苦创业、改革创新的精神，品尝地方特色美食。到贾樟柯的"山河故人"面馆看他的电影，并在贾街种下了"青莲读书梦想林"等。每年的4月23日"世界读书日"，青莲读书会的主题活动都是三晋读书的一抹亮色。3年来，我们贯穿"守纪律、讲规矩"主题，结合国学、茶道、晋剧、家风等内容，在园林、古建、小镇，突出特色读书，首创"情景晋剧"等模式，激发了更多人的读书兴趣。

青莲读书会每年总结时会有一个主题：1岁是"一往"，2岁是"不二"，3岁是"三生"。2016年是青莲读书会3周岁，我也想用"三生"来表达对读书会的情感——生活，生命，生机。2017年，青莲读书会的主题是"四季"，季羡林的"季"。我们将和季羡林读书会一起，把更多的精品带给大家，把更多的感受和大家一起分享。

每次策划活动是一个群策群力，集合大家的想法、创意的过程。最初是我一个人，现在不同的活动有不同的商议团队，未来我们还会建立青莲读书会的导师团和专家库。对于我们举办的活动有几点要求，一是不能仅仅坐而论道、纸上谈兵，一定要提高实际执行力，体现读书实践的内核，要把我们的想法变成现实，努力做出效果来。二是在举办读书活动的时候，我们要注重自己的内心，有什么样的感受。我提出的口号：格物明理增智慧，正心修身共成长。我们通过对事物本质的探查来明白道理，增强我们自身的智慧。三是要达到读书会成员一起成长、进步的目标。我们端正自身的内心，修炼外在的体魄，改正不良嗜好，希望我们到了80岁，还能够在一起欢乐玩耍。和志同道合的人在一起，经常保持感觉的新鲜度，保持我们对于事物的关注度，而且会产生不同角度的理解，在其中交换分享。

我们注重好书交换的方式。通过全国读书会联盟的培训学习，我们遇到了很多有读书梦想和行动力的团队。比如，受到飞芒书房的启发，我们举办了山西地区首次"青莲传书温润有爱"的"传递好书传递爱"的主题活动，还专门为阳曲县河上咀小学的孩子们募集了过冬的棉衣和精美的图书。通过带领广大青年读书学习，引领文化志愿服务新风尚，关注在校学生、留守儿童、农民工群体和精准扶贫，坚持"帮助真正需要帮助的人，真正帮助需要帮助的人"理念，通过读书学习和公益活动，影响和带动越来越多的人们。"传递好书传递爱"活动为寒冷的冬天增添了暖意，也让爱书之人感受到了温暖。

我们依托山西首个互联网青创孵化平台"青创众帮"，以"互联网+"的模式，在太原市高新技术产业开发区"青创众帮"创业园内创办了"莲心书房——青年智慧阅读空间（高新区店）"，在位于万达文华（太原）山西青创客企业管理中心内创办了"莲心书房——青年智慧阅读空间（万达店）"。未来将举办山西青年创新创业大赛、山西青年App大赛、山西移动互联网创业大赛、"创客创课"课程、高端峰会沙龙等活动，目前已经与洪泰创新空间（北京）创业投资有限公司签署合作协议，获得由俞敏洪（洪泰创新空间总顾问、新东方创始人、洪泰基金创始人）、盛希泰（洪泰创新空间董事长、洪泰基金创始人）、王胜江（洪泰创新空间董事长、前SOHO中国副总裁）3位行业领袖关注支持，并将建设山西民间工艺创意馆、大学生创业项目基地、移动互联网创业基地等10个主题创业孵化基地。

我们号召大家捐书，每人捐5本书，通过捐出这5本书，可以换来500本图书的阅读权限。我们不是书的搬运工，而是智慧阅读和品质生活的倡导者、推动者。书和书的内容应该自然流动起来，我们这个线下图书馆和传统图书馆还有差别，我们多了一个"图书漂流"的设想。你不知道自己的这本书会流到谁的手里，也不知道这个读者对这本书的阅读感受，而我们的技术团队正在依托微信建立小程序，加强对图书交换、漂流过程的记录。这可能会比较复杂，但是我认为，做就比不做强，多做就比少做强。读书和公益是一样的性质，多读一点是一点，多做一点是一点。也许会有人因为读书、因为做公益而发生改变，这就是有益处的。

## 3年来的得与失：那些改变中的坚守与摸索中的前进

陈襄茗：运营管理读书会过程中是否遇到过一些困难呢？它现在存在的发展问题是什么？

吴恺：困难和问题也会有。一方面，是面对别人的不理解，比如别人会问，你为什么要做这件事？你能获得什么好处？你能挣多少钱？这其实是理念的问题。另一方面是经费来源的问题。我的理解是，有钱做有钱的事，没钱做没钱的事，形式可以多样。条件比较好的时候，内容可以更加丰富一些；条件较为拮据的时候，我们就会考虑把活动形式变一变，多种方式并存。比如，我组织读书会的同学们，玩撕名牌游戏、玩真人CS，多做亲子阅读、家庭阅读，希望整个家庭一起来读书。我就经常请家人孩子一起参加活动。青莲读书会举办的活动已经深入人心，大家认可接受了。甚至开玩笑说，参加青莲读书会学习已经成为少数人向太太请假的"金字招牌"。

陈襄茗：这3年来读书会有什么特别的成果意义吗？

吴恺：青莲读书会有这么几个特点，第一，全部工作人员都是兼职，暂时还没有专职的，没有进行商业化的推广。第二，"青莲读书会"做得比较早，一直以来很扎实，内容健康、积极向上，也广受关注。在"青莲读书会"，我们始终坚持正能量分享，抓党建工作。根据"互联网+"思维，我们首先提出了"阅读+""读书+"这样一种新的思维方式。我们线下3年来的150多场活动，为什么能够做到每场都不重样，场场受到欢迎？因为我们一开始就是以很轻松的心态去做这件事，但是我们每一个参与者却用非常认真的态度参与进来，寓教于乐。我们也在不断改进，吸收有趣、有益的因素。就像我们对待美食，要用科学考证的态度来看待，我们成立了"青莲读书之美食科考团"。"青莲读书会"有自己的微信公众平台，我们每一个有趣的活动上都有记载，这个平台一直以来也是我自己在运营，是我的一个功课，这件事同时帮助我规范每天的行为，今日事今日毕。

我们这150多场活动，每一次活动主题和风格都有所不同。在学习党的基本理论的同时，号召大家广泛学习哲学、历史、优秀传统文化，学习现代市场经济、现代国际关系、现代管理等方面知识，学习做好本职工作所必需的各种新知识、新技能，切实提高战略思维、创新思维、辩证思维能力。在教室、在书店、在图书馆、在咖啡馆、在茶舍、在剧场、在田间地头；学传统文化、学现代管理、学经济动态、学话剧表演、学经典著作……我们先后邀请了中国人民大学教授黄卫平；山西青少年报刊社副社长、中华优秀文化讲师团首席讲师郑宝兰；《山西青年报》副主编陆祁国；青年学者卫方正，青年作家李俊虎、孙峰、成向阳；中国新闻社山西分社社长高小奇等名家讲学。我们还积极参与高校文化建设，与山西大学、中北大学、山西省图书馆、山西省博物院等多家文化单位举办学习分享，内容涵盖读书、国学、公益、环保、中医、家风、节气、美食、媒体等多个领域，并配合"世界读书日""世界禁毒日"等主题，开展了内容独特、丰富多彩的活动。与省图书馆、省博物院等单位联系，在阳泉市郊区石板片村、朔州市朔城区上团堡村等建立了首批10个"青莲农家书屋"，与朔州市图书馆等单位发起"家庭图书馆"，增进了青联委员的交流互动，促进了广大青年的成长成才。同时，充分利用微博、微信等新媒体形式，每日坚持学习分享《论语》《荀子》等经典，坚持推广"正能量"，已经成为广大青年的良师益友，受到广泛欢迎。

为深入贯彻落实党中央、国务院关于开展全民阅读的重要部署，提升国民素质和社会文明程度，共同建设书香社会，按照《全民阅读"十三五"时期发展规划》和山西省的部署，青莲读书会与原山西省新闻出版广电局、省全民阅读办公室、省图书馆、省新华书店、山西图书大厦等部门建立了良好的联系，并与全国读书会联盟、人民出版社读书会、季羡林读书会等国内知名读书团体有着良好互动，一起做好全民阅读的推广工作。

陈襄茗：您的职业是一名警察。那么为什么想要跨行办起读书会呢？您的同事是怎么评价这个做法的？

吴恺：一个偶然的机会，在做公益、帮助人的过程中，我发现，比起一个人的"学历"，更重要的是他的"学力"，学习的能力，接受、整合、融会贯通的能力更为重要。在做读书会的过程中，我的能力也得到了锻炼，提高了我的沟通能力、协调能力。通过读书实践，我可以把工作和读书结合起来。跟我一起工作的民警大多都很年轻，渴望补充知识，所以我会系统地给他开书单、布置作业、定期开论坛，请老师来给他们讲课，整体上形成一个互动。作为好朋友，和你交往几年让别人觉得受益，大家会认可你这个人及行事方式、你所在的团队，这是很重要的。

## 关于未来的发展设想：商业与公益分部管理，"读书""公益""生活"三足鼎立

陈襄茗：读书会的运营资金来源是什么？关于其长期、可持续发展您有什么设想？

吴恺：诚然，运营读书会是一件操心、费力、花钱的事，拿"青莲读书会"来说，首先我们对自己的定位是公益性社会组织，大部分的资金还是靠我们组织者和身边热心的朋友们捐助，举办大规模的活动会公摊，核算成本难免会有资金不够的地方，所以到头来还是自己补。但是说实话，无论是保证每次活动的效果，还是从读书会发展的长远性来看，这种方式都并不是最可取的。加上诸多现实条件限制，不可能完全脱离商业。但是商业气息太重，也会影响读书会的发展。

对于未来发展，我们有一个构想：将公益和商业分开运营，让专业的人来做专业的事，成立公司，公司可能会包含文创、设计、会展，与出版社、发行商进行对接。读书会有没有可能成为一个创业项目？能不能整合更多的资源共同发展？这个事情是有可能成为现实的，起码我们要解决财务自由问题，要尽可能实现资源的完美对接、消化吸收。读书会下一步去往哪里，我们怎么走，需要多长时间，这是我们读书会成员每个人

都要思考的。

我们会尽力挖掘身边的资源，但对纯商业性的广告也是拒绝的。有适合的资源，我们才会加以利用。比如说，大家爱吃的山西名吃太谷饼，由来是什么？是怎么做的？我们能不能参与做太谷饼？干脆带上孩子们，到朋友做太谷饼的企业搞一个亲子活动，让孩子们自己动手做太谷饼，烤出来送给家人，这就是文化和商业的结合。再比如，我们把民间收回来的老月饼的模子，给孩子们看，告诉他们，这是一种民俗，这是我们最早的个性化定制。我们寻求的资源一定是非常丰厚的、富于教育意义的、立体的，既有古代的生活方式，又有未来的发展方向，绝不是商业性质的。


陈襄茗：在整个读书会的运营和活动的举办上，您有什么突出的成功经验和我们大家分享吗？

吴恺：对我来说，经验也是一个从零开始、从无到有的过程。因为我是一名警察，我们的组织人员也不是专业的，甚至根本就不是与文化相关的，以前从来没有做过读书会相关工作，不敢说有什么经验。我们的感受是从举办一个个小活动里开始积累出来的，慢慢摸索来做。

我们希望做真的能给大家带来裨益的事情。但是这种标准怎么来制定？组织者不能独断，以自己的标准代替所有标准，而且健康的读书会的成长发展历程，应该是不以组织者为影响的，我在或者不在，应该是都一样正常运行。

这两天我们在"全国读书会联盟"第3期培训班参加学习，昨天山西有一个全国性的健走活动，读书会里的其他同学就带领相关人参与了这个活动。宜静宜动，我们的活动涉及读书、健康，各种活动互相联合起来。比如，做一些健身活动，给贫困孩子送温暖，陪伴生病的孩子们减轻他们对病痛的恐惧，邀请当地有名的体育明星、主持人成立"星动力篮球队"去各大高校和孩子们打公益比赛等，都是我们创造出来的适合读书会成员身心成长的活动形式。

2014年11月9日，也就是消防日，青莲读书会和消防队事先沟通好，一些同学报名当一天消防队员，体验他们的生活，换上迷彩服，从早上叠被子开始、出操、收集装备、和战士一起吃食堂、学习在消防车上的工作。突然有一起警情，就在有经验的消防战士带领下一起出动，当然是确保安全的。这个活动做完之后，大家都深深理解了消防员职业的辛苦和不易；跟孩子们一起去"蒙牛"牧场，告诉孩子们我们的牛奶是怎么来的，我们怎么才能喝到让人放心的牛奶，我们如何识别挑选牛奶？山西是地上文物大省，身边就有很多古迹，我们一起去古民居，加上一个采摘环节，加强和大自然的接触，孩子们会特别开心。

我们以中华优秀传统文化为基础，但只要是富于教育意义的活动我们都会尽量举办，形式多种多样。读书和教育是有共通点的，所谓"润物细无声"，劝读劝学，润而化之，我们并不能从读一本书或参加一个有意义的活动的过程中马上获得什么看得见的好处，教育是一个潜移默化的过程，更重要的是我们要培养、推动更多的人养成读书、学习的好习惯，养成读好书、做好事的习惯。

"爱读书，会生活"，我们会和大家互动，什么样的生活是好玩的。比如，宋朝的人怎么生活，古代服装如何制作，能不能用现代意大利服饰的立体裁剪风格做我们喜欢的衣服……

我的理念是读书是一种生活，我前段时间一直在关注传统文化的交流，读书叫做"读文""读艺"，"书人""书心"，核心的目的是让大家把读书变成一种生活方式。"青莲"未来的发展方向可能不仅仅局限于读书会，而是办成一个综合性的公益教育机构。

陈襄茗：创办3年多以来，青莲读书会的创新、改变和进步有哪些？在活动形式、管理机制还是宣传政策等各个方面，读书会有哪些变与不变？

吴恺：青莲读书会最早的雏形像水，任何形状都是水的形状，我们没有固定在某个会所或者房地产项目、商业化的地方，而是不设门槛。我们主动去各大高校和学生交流，我们去中小学给孩子们讲安全防护，我们去田间地头，在阳泉市郊区片村和朔州市朔城区上团堡村等地建立了10个"青莲农民书屋"。我们帮助农民卖核桃、卖小米，也是秉承着能帮一点是一点的理念，我认为这是顺势而为的。

但是，青莲读书会的主旨核心和向上发展的方向是没有改变的；"交有趣的人，做有趣的事"的方向是没有改变的。在管理读书会的过程中，很多事是细碎烦琐的，比如我在微信公众平台上的分享推送，有时确实很难坚持下去，会有退缩的想法，但是日积月累，就是一种成就。把有意思的事情做得有意义，把有意义的事情做得有意思。多倾听不同的人对一本书、同一个问题的认识和了解，这也是兼收并蓄的过程。

总的来说，变化的是我们周围的环境和读者们的需求，不变的是我们应对不断变化的环境和需求的内核，坚持我们正确的大方向，做正确的事，正确地做事。

陈襄茗：青莲读书会当初为什么选择国学经典类图书的阅读？国学阅读是否会在未来成为一个重点方向？

吴恺：国学在国人文化精神中是一个基础性的存在。对于国学的阅读和传播，我们的活动形式比较多，微信平台每天都会发布相关信息，在微信群里我也会发动同学们自觉自发地来领读以及大家觉得值得反复咀嚼的文章，都会在群里进行阅读分享。我们开办了"青莲之声"，把文字转化成带有情感的声音，可以在开车、走路、跑步的时候听。Voice of lotus，简称VOL，正好也是书籍卷标的缩写。

我个人理解是，《论语》等经典就像是古代人的朋友圈，或者微博，正适合阅读。古人讲读书"三上"：马上、枕上、厕上，这些都是我们可以利用的碎片化的时间。我们提"智慧阅读"的理念，为什么叫智慧阅读？我们今天的阅读，已经不仅仅限于纸质，手机、iPad等都是获取信息和知识的来源。我们不拒绝新兴的阅读方式，但更需要用智慧来获取和整理。每个人都是会走路的书，每本书都是有性格的人，我们要努力做智慧的阅读者，推动智慧阅读。怎么走出阅读看阅读，走进阅读看阅读呢？我们渐渐发现，读书会是个好形式。文化学者、青莲读书会的好朋友崔岱远先生说："读书会有两层含义：一层是读书，一层是会。参与读书会不仅为了读书，更为了'会'，也就是与志趣相投的人进行信息沟通和情感分享。"读书会这种阅读社交形式由来已久，也正在形成社会风尚。随着信息化的发展，现在的读书会应是基于移动互联的读书会，是面向智慧阅读的读书会。阅读，在获信息、学知识的同时，也做到了信息的沟通，心灵的沟通。主题阅读空间的逐渐出现，大有发展成集阅读学习、展示交流、聚会休闲、创意生活等功能于一体的复合式文化场所的态势。

作为阅读产业核心价值的阅读，是一种新型的智慧阅读。这个基于智慧阅读的阅读产业既是传统出版产业的延伸，更会引领一种新的生活方式。当下碎片化阅读的现状我们无法改变，但是我们可以把碎片化的阅读方式配合我们的阅读内容，睡前读一条，篇幅不长，一边思考一边进入睡眠，也是一种读书、学习、自我教育的思维。在这样一个现代化社会背景下，我们应该把祖国优秀的传统文化，用最时尚的方式、最方便的途径，让更多的人加以领会和学习。

目前，我们的活动大部分集中在山西省，未来我们设想"青莲读书会"是否可以和山西的文创、旅游、传统文化的保护结合起来？我们会逐步增加户外讲学的活动，比如，和越野一族们联系，我们去山里、岛屿上，去古民居了解他们的生活状态。

未来我还计划做一个小莲花读书会，服务于读书会成员们的孩子，做亲子教育、童书阅读、亲子阅读，同时会涉及儿童心理学教育的板块。我们很多人做了父母，但是他并不会做父母。还在考虑办一个"青莲读书家长学校"，教你怎么做家长，怎么陪伴孩子。

除此之外，我自己又做了一个读书会，叫做"爱看读书会"，谐音"I can"，我能，我们会把最先进的教育理念融合进来，形成一种激励。山西有传统文化、古建筑等，能不能做一个专题读书会？山西是革命传统老区，老区的人民他们需要读什么书？下一步一定会是更加精准、细分的方向，努力做到目标读者的精准、细分和有利资源的有效对接。

目前来说，青莲读书会是全国团委和青年联合会系统中比较完善和成熟的队伍，希望未来可以结合工作实际，推向全国青联。我们也会考虑跨板块的服务，比如，读书出版、心理咨询教育等。

未来希望青莲读书会能有一个更加完整的架构，做出能看得见的事，把生活中层出不穷的创意落实。比如，青莲读书会已经设计制作了杯垫、背包、伞、扇子，我们想做更多有用的东西，结合更新颖、更有趣的创意。

　　读书，就像起跑线，因此而发，但是没有终点。在这个过程中，我们也逐渐凝成了一个整体。"读好书，做实事"，以人为本，以实为本，把好事做实、把实事做好，就是我们努力的方向。

# 花时间读书会运行模式分析

陈襄茗　石　尚

## 成立背景

　　随着城乡分割的二元社会结构和自身经济条件的限制,我国农村地区多数青壮年进城务工,城市社区也相应地出现了大批外来务工人员的子女。然而,这些孩子的教育问题却日益严重,他们缺乏父母的关心,出现了种种心理问题,诸如难以融入社会、缺乏自我保护意识及相关的性健康知识等。此外,同等条件下女性比男性的发展要更加艰难。与此同时,随着大学生的就业形势日渐严峻,流行着"大学生毕业等于失业"此类的说法。第三产业的蓬勃发展受到了广大社会人士的关注,公益创业显然成为大学生不二之选。然而,大学生的公益创业知识却较为薄弱,公益创业教育课程也存在空白地带,对此,花时间阅读文化发展中心开启了"益启思"青年公益创业导航计划项目。

　　该项目主要就公益、创业、创新10大法则展开举办一系列公益创业沙龙,来填补学生对公益创业知识的漏洞,为公益创业的发展与壮大奠定良好的基础。通过孕育公益创业项目文化机构实体,期望为公益创业事业发展贡献更多的力量。花时间读书会就是在这样的背景之下应运而生的。

## 机构成员及发展历程

花时间读书会成立于 2014 年 11 月 21 日，是一家以江苏省徐州市云龙区"花时间阅读文化发展中心"为依托的民办机构。现有工作人员 10 人，书友会员达 600 人。工作人员主要为中国矿业大学的在校学生，根据职能对其进行分工，借此锻炼他们的社会适应能力与工作能力。书友则多为徐州市居民及来自各行各业的读书爱好者。花时间读书会根据不同项目、不同发展需求进行团队建设。由于花时间团队的成员一部分来自出版阅读行业相关的领域，另一部分来自行政管理、社会组织研究的领域，因而可以根据项目的不同，合理地进行人力、精力、资源分配——在专注于阅读引导方面的项目，花时间读书会召集全职、兼职志愿者，作为各个项目的领读负责团队，这些志愿者都对于阅读有深刻的见解，可以将自己的所学所想分享给每一个成员。另一部分团队成员专门就社会组织内部管理进行研究，完善读书会内部考核、创新机制，为更好地发展读书会而努力。

花时间读书会自 2014 年成立至今已走过两个年头，成功举办了 3 季读书会。第 1 季读书会确立了使命、愿景及初步的战略规划；与中国矿业大学、江苏师范大学等高校及博库书城等建立了对接，新媒体平台粗具规模。第 2 季完善内部制度，建立了专业的导师团队，团队成员参加江苏省领读师培训，并赴南京、苏州、上海、广州、德国、法国、希腊等地学习其他读书会与独立书店的先进经验。第 3 季融合了小型阅读沙龙、大型公益宣讲、新媒体平台等多种活动模式，打造了"绽放"女性发展学院、花蕾下午茶——外来务工人员子女伴读公益活动、"看到世界"系列公益讲堂（如"如何阅读一本书"系列）、乐之精读会、花时间跑团等八大公益阅读模块，与全国各地的公益组织展开了更广泛的交流与合作。

## 创新活动形式，致力于实现知行合一

在过去一年3季读书活动中，花时间读书会坚持每周一次小型阅读沙龙，每月一次大型活动，举办了70余场小型沙龙，15场大型讲座，开设了8种特色活动，微信公众号推送了200余篇优秀文章，会员年人均阅读图书量达到50本。在博库书城、中国矿业大学、江苏师范大学举办多场大型讲座，参与人次达5000余人，受到参与者的一致好评。每季度结束时，花时间读书会都会发放问卷让书友反馈对读书会的服务评价并提出建议，书友们普遍反馈良好，并提出一些具有创意性的活动建议，为"花时间读书会"课程设计与活动开展提供了许多思路。

在活动中，花时间读书会开设了"为你读书"专题项目，让母亲带领孩子一起为盲童录制童书，上传到"荔枝FM"App上，送到福利院。一方面，可以帮助盲童读书；另一方面，也可以培养孩子的公益理念，营造社会公益氛围。为了增加就业岗位和机会，不仅聘请了专门人员运营项目，对于参与项目的志愿者，花时间读书会也能提供相应的激励；与此同时，项目本身致力于提高女性自身的素质，在帮女性自主创业、就业的过程中也不遗余力地给予支持和帮助。

两年来，花时间读书会与会员们共同阅读了70本、总计400余万字的书籍，包括《三体》《万历十五年》《我的风格小黑裙》等。曾举办过疯狂读书夜、21天阅读打卡、陶艺、咖啡品鉴、茶艺学习、亲子阅读分享会、户外摄影构图指导与服装搭配等与阅读相关的独具特色的创意活动。

其中，令花时间读书会创办人、中国矿业大学讲师刘蕾印象最深刻的是疯狂读书夜活动，此次活动是 2015 年 4 月 23 日为"世界读书日"专门设计举办的活动，读书会成员同书友共读三毛的经典，从华灯初上天南海北地聊到了更深露重。当时，书友们接力选读了三毛的《雨季不再来》，该书以三毛的生命历程为主题，记录了三毛 17~22 岁的成长过程。在座谈会中，谈到三毛其人，其中一位书友说："突然发现以自杀的方式告别世界的作家和诗人，总是能让人一读他们的作品就不自觉地思考生死，比如茨威格、太宰治、海子。他们用一种悲伤而壮丽的语调，诉说着对这个世界最后的痛恨和眷恋。"参与此次活动的书友或多或少地对成长、孤独、死亡等话题有了更深入的讨论，能唤起他们对人生的思考。除了书友的良好反馈外，此次活动还被徐州部分媒体报道，收到了十分积极的评价。

花时间读书会目前正在积极开展第 4 季读书会，第 4 季读书会以"练习告别"为主题，力求实现更多创新与突破。虽然只有短短的两年，但是整个组织的运营却是井然有序。

**花时间读书会第 4 季读书会计划表**

| 知行合一 | | | | |
|---|---|---|---|---|
| 月份 | 主题 | 知 | 行 | 延展课程 |
| 9 | 禅茶一味 | 于丹：《人间有味是清欢》关于中国人无为生活的诠释和注解 | 乌龙茶鉴赏 | 私人茶席会 |

| 月份 | 主题 | 知 | 行 | 延展课程 |
|---|---|---|---|---|
| | | **知行合一** | | |
| 10 | 浮光掠影 | 卡尔维诺：《看不见的城市》<br>虚构与反思，语词致密，修辞乖张 | 户外摄影构图指导 | 陶艺制作 |
| 11 | 亲子时光 | 《父与子》<br>经典绘本导读 | 亲子阅读分享会 | 儿童英语绘本阅读小课堂 |
| 12 | 后会有期 | 陈希米：《让死活下去》<br>"学习告别"书单里最动人的离歌 | 真人图书馆之《我们的告别》 | 圣诞花艺制作 |
| 1 | 职场能量 | 《TED演讲的秘密——18分钟改变世界》练习说话之道，提高你的说服力 | 职场服装现场搭配指导 | 私人订制你的微信公众号 |
| 2 | 食之白话 | 陈梦因：《食经》（复印绝版）<br>睡前阅读 | 最美妈妈食谱比赛 | 糕点烘焙学习 |

## 拓展资金来源渠道，提高组织运行活力

花时间读书会的资金运转较为灵活，来源渠道丰富，资金输出高效，资金来源主要有如下渠道：

①会员收费制：花时间读书会通过会员收费制，会员缴纳会费，维持读书会的运营。

②网络众筹：通过腾讯公益等知名众筹平台，实现网络众筹，这种方

式更加便捷、灵活。

③政府资金扶持：2015年，花时间读书会取得了徐州市公益创投项目比赛的第一名，获得了政府优厚的资金支持。

④产品开发：通过销售开发与大学生创业有关的手账笔记本获得了一定的收益。

⑤公益支持：依靠公益机构（基金会等）提供人力、物力支持，获得了基金会的大力支持。

除了尽力提高读书会资金运转的效率外，在组织的宏观设计上，管理人员们也颇费心思。花时间读书会采取PDA模型运营方式，这个模型主要是用来评估一个社会组织的创新力，分别从针对性（pertinency）、延展力（ductility）、行动力（action）3个方面来评估社会组织是否有效地将公益与创新、创业相结合，在受益人选择、项目设计、团队建设、公共关系、创新发展等方面融入针对性、延展力、行动力，实现社会效益的最大化，从而带动组织的壮大和可持续发展。目前，通过PDA模型的建构，花时间读书会共有5个运行项目——乐之精读会、绽放女性发展学院、花蕾读书会、乐之青年发展学院、花时间跑团，它们是花时间读书会在项目设计方面，根据不同人群的不同需求设计的5个有明确针对性、特色鲜明的项目。各项目之间彼此独立运行，共同归为花时间阅读文化发展中心之下。

经过花时间读书会长期组织阅读推广活动的数据和经验，女性发展需求主要集中在自我发展、社会认同、亲子教育、家庭关系4个方面。女性在家庭、工作中更易面临压力，却通常缺乏疏解的渠道，精神需求得不到足够的重视。针对女性在这些问题上的需求，花时间阅读文化发展中心设立"绽放"女性发展学院项目，开设女性阅读学习课堂，为女性提供交流、学习、成长、互助的平台，通过阅读更好实现自我认同和社会认同。一方面，花时间读书会延续了传统的"推荐书目—导师导读—书友分享"的阅读项目；另一方面，花时间读书会依据女性发展需求开设了形象设计、美妆、咖啡鉴赏等课程，凸显女性的个性发展。

在花蕾下午茶项目的设计中，花时间读书会计划每月举办两次小型伴读活动，时间挑选为社区学龄儿童放学时间——下午或周末，让孩子与中心有一定专业知识和亲子咨询师背景的书友共同阅读，分享读书心得，帮助他们融入社会，学会理解父母、感恩社会。在中心导师伴读的过程中，让流动女童感受到阅读的快乐与温暖，引导她们从书中寻找知识，学会自我保护。在项目实施地点方面，花时间读书会扎根于社区，在社会组织服务中心的领导与社区居委会工作人员的大力支持与帮助下，与新城区幼儿园达成长期项目合作机制。对幼儿园的中班、大班的儿童进行绘本教育课程体系，并针对孩子们的特点，量身打造独一无二的绘本课程体系。

儿童心理学的研究专家认为，孩子认知图形的能力从很小就开始慢慢养成。虽然那时的孩子不识字，但已经具备了一定的读图能力，如果这时候家长或专业导读老师能有意识地和孩子们一起阅读绘本，营造温馨的学习环境，给他们读文字，和他们一起看图讲故事，那么孩子们从刚开始接触到的就是高水准的图文，他们将在听故事中品味绘画艺术，将在欣赏图画中认识文字、理解文学。比起那些一闪而过、只带来一时快感的快餐文化，欣赏绘本无疑是一种让眼睛享受、让心灵愉悦、让精神提升的美妙体验。

青年发展学院是一所通过线上线下课程，提升大学生就业能力的发展学院，花时间读书会以"SPB"（S=Shorten，P=Promote，B=Build）原则为目标导向,旨在缩短(Shorten)大学生就业能力差距,提升(Promote)大学生自我管理能力和搭建(Build)朋辈学习与就业实践平台,从而解决大学生就业前的3个"1千米"能力差距问题,即:"大学学习和职场需求"能力差距、"理论知识和实践锻炼"能力差距、"课程培育和自我管理"能力差距。

## 以特色阅读项目打造可持续性活动品牌

乐之精读会项目,花时间读书会提倡"知之者不如好之者,好之者不如乐之者",乐之精读会旨在推广严肃阅读,一个月只读一本经典书籍。精读会通过限制人数、不可缺席、完成笔记、提交心得等要求提高精读会质量。在乐之精读会中,花时间读书会一起读那些我们自己永远无法读完的经典书籍。

花时间跑团项目,与前面几个项目不同,花时间读书会想要让受众不仅在书本上得到精神的享受,而且能够在大自然中亲身体会到书中所描写的美,让他们去感受奔跑的乐趣,就这样,花时间跑团由花时间会员和花时间团队的工作人员共同建立,以"身体和灵魂总有一个在路上"为理念,每天打卡相互鼓励,组队参加马拉松的形式倡导运动,通过新的方式看世界。跑团成立以来,追求的不仅仅是圈数和速度,更是对生活的无限热爱。

花时间读书会的阅读项目运行两年来,共捐赠图书3000本,出售5960本乐之笔记本,使5000名大学生受益,受助大学生就业能力和自我评估分数显著提高,抗压能力、团队合作能力、人际交往能力等得到了提升。推荐书目100本,推出了12种就业培训课程,组织了79场线下活动,提供了50个实习岗位,微信公众号推送300多篇就业资讯,吸引粉丝5651人。举办受益大学生反哺项目志愿服务招聘会3场,多家高校和企业采购了笔记本，与1家出版社建立了图书推荐合作关系，获得市区两级政府公益创投支持，获得"青年恒好"公益创投支持，曾被《中国青年报》头版报道。花时间读书会的"青年发展"项目发展前景广阔，已产生较大的社会影响力和品牌效应。

# 利用移动传播力推电子阅读

除了遵循PDA评估模型进行活动设计外，花时间读书会还结合"互联网＋"的时代思维，有针对性地在文化产业发展中创造新产品和平台。抓住自媒体话语权，针对自媒体时代的鲜明特点，来扩展读书会的影响力和辐射力，将"两微一端"（微信、微博、客户端）技术渗透到读书会的各个领域。从宣传、活动实时报道到活动场地、活动总结都可以自由地从传统的现场转换到线上，可以说，有手机的地方就有花时间读书会。

电子阅读能够有效利用碎片化的时间，对读书会发展是机遇也是挑战。花时间读书会抓准时机，创新使用自媒体公益，利用新媒体平台进行公益传播，做到线上线下互动。通过花时间读书会电台，招募志愿者为书友读书，用声音来传递阅读的正能量。利用微信等作为线上的读书会沙龙的平台，使之成为受众和花时间之间交流的线上媒介。通过微信公众号中发布的精选优美文章及书友的读书心得体会，来增强受众对读书悦己的认同；通过建立微信聊天群组，在群组中开展线上读书沙龙，主讲老师在微信群组中授课，书友及时向老师提出疑问和看法。区别于传统的面对面读书沙龙，线上读书沙龙吸纳的受众更加广泛。

## 困难与动力

探索PDA评估模型与运营读书会的过程必然不是一帆风顺的。

首先,有些项目的创新效果不能立竿见影,成效不是马上就能看到的。因此,管理人员在评估时只能根据它的实施过程进行部分评价。但因为评估难以做到量化,经常引发项目负责人的不满。读书会很难用客观的数据去安抚项目负责人的情绪,也经常会遇到对两个创新相当的项目进行比较选出优胜者的状况,此时只能用主观评判,而不能做到客观。

其次,花时间读书会的PDA评估模型本身就是针对本组织的项目设计的,还处在原型状态,对评估方式、手段的选择,只能用面谈法、问卷法等评估方式和手段,而这些手段有时会落后于创新项目,使得评估不能与创新项目适应,从而失去了评估的价值。

最大的阻碍当属绩效评估。在创新力评估的实践中,尤其是在花时间采取自我创新力评估方式时,由于缺少第三方专业评估机构和其他利益主体的介入,对内部子项目可能会在指标设置方面有所偏颇,在关键程度较低的指标上设置过大的权重,导致那些真正能够直观反映组织目标使命、组织创新力能力成长和组织创新运营模式等情况的指标受到忽视。

针对花时间读书会的长期发展,除了继续运营现有的项目外,创办人刘蕾表示希望将读书会打造成一个基于阅读为媒介的文化平台,服务个人成长、大学生创新创业、服务家庭文化建设和家风建设,形成氛围良好的文化生态圈。此外,还计划上线花时间读书会的App,进一步加强对互联网和移动终端的利用,实现线上与线下更为高效的互动。刘蕾说:

"这两年多的工作让我更加意识到公益活动的重要性，推广全民阅读是一个长期的、不可或缺的任务，通过我们的平台，可以让书友朋友们受益良多。我们以书会友，提升了自己的综合素质，促进了我们对于生活、对于文化的很多思考，在轻松、娱乐和交友的过程中潜移默化地成长了许多。"

在提倡全民阅读的今天，花时间读书会势必会让阅读成为一种生活时尚，让人得到启发，滋养浩然之气，保持思想活力。

# 白湖分局读书会:丰富狱警业余生活的精神平台

张安琪

白湖分局读书会是安徽省白湖监狱管理人员自发组织并获准开办的群众性读书组织。其创办者丁祖胜接受了笔者的专访,他是白湖监狱新闻中心主任,还有作家、杂志主编、中专教师等多重身份。

在丁祖胜看来,读书作为一种精神活动,是生活的常态,人要活到老学到老,"在与人的日常接触中,我发现常读书的人抱怨较少,心胸开阔"。身为单位文化部门的工作人员,他将读书会的创办看作一种责任,与同事共享愉悦而丰富的读书生活、营造充满书香的工作氛围是他的理想和追求。

白湖分局读书会的成员包括民警职工、家属、离退休人员等,读者群体有数千人。作为自发的群众性读书组织,读书会实行开放式管理,读者们可以随时加入、随时参加活动。而读书会主要起引导作用,定期为大家推荐好书,带动培养良好的习惯和氛围。

据丁祖胜介绍,读书会的选书标准有3个:"一是适用原则,按照岗位需求,法律、心理学类、工程技术、社会学等;二是补充原则,以拓宽知识面,健康、礼仪、文学、历史等;三是提升原则,依据课题需要遴选的专业性图书。"所选书籍中,由于工作需要,法学是首选,读者们还会根据各自专业兴趣各取所需。

"盘活现有资源，构建平台，对于我们这样一个公益组织是至关重要的。"丁祖胜说。与白湖电视台、白湖电教频道、白湖杂志、内外网等多方位覆合，读书会或办专栏、或组织专题活动，结合形势，重点在岗位技能、业务拓展、法治宣贯等方面提升助力。读书会还利用安徽省图书馆白湖分馆、安徽省监狱工作协会白湖分会、白湖公安分局团委等多机构和平台，组织开展读书活动。

安徽省图书馆白湖分馆每月定期更新书籍，读书会从图书馆更新书目中推荐好书，并常常鼓励读者们到馆阅读。

白湖分局读书会还有专门的读书网站，内网论坛供读者随时发感悟、进行互动。"自到白湖分局工作以来，读书变成了我业余生活做的最多的一件事情。"正如一名成员的读书小感所记，狱警们的业余生活因读书而更加丰富多彩。

"我们有内部刊物《白湖》，每期都设置好书推荐。还有每期固定的8个版面，留给读书会成员发表读书感悟或其他内容。"丁祖胜介绍。

面对面的作品研讨会上，选两本书，十几个人坐到一起讨论书中自己喜欢的文章。年轻的读者对书里提到的二十世纪六七十年代的内容不太懂，会请教年长一些的读者。结合书里的相关内容，读者们抒发内心感悟。白湖读书会现已开展过法律、心理健康、人文知识、婚姻家庭、岗位发展等主题读书与作品研讨会。

读书会间或举办创作采风活动，由6名读书会成员共同编写的《监狱文化概述》已完成初稿；另有一名成员在创作小说，已完成前两章。

各种读书活动还经常与监狱协会相联合，可以获得场地和费用的支持。而读书会主要活动经费来自白湖监狱管理分局监狱协会和安徽省监狱协会文化专委会划拨，采用"实用现批"原则。

丁祖胜是读书会的管理者和组织者，负责活动的策划、执行、落实、督办、总结。而他更享受做一名读书会成员，把读书会看作知识更新的窗口和平台，接触到更多的各层面的爱学习、追求进步的读书人，使他汲取更多、能量更足、品位更高。丁祖胜的个人作品《岁月情怀》《狱警随笔》也借读书会平台，取得了很好的推介效果，"这算是读书会带给我的意外惊喜吧"。

回顾读书会的运行过程，读书会也面临一些困难与存在一些问题：管理主线不清晰；影响力受限，管理网络尚未成熟，需要多方加强；自我拓展难，多数是合办、联办活动。

展望未来，丁祖胜对读书会的发展满怀期待，在其日常运行过程中不断思索更好的方法与措施："我希望构建更大的网络，扩大读书会影响力；也期待读书会能筹备大型活动，建议在各省(区、市)成立一综合型读书分会，吸引多方参与；登记注册证书制、记录制、考评制，出具读书活动证书作为继续教育学分等。读书会前行的路还很长。"

# 牛街老人的文化之家

## ——记北京市宣南读者学会之牛街回族大众读书会

张安琪

牛街回族大众读书会地处牛街,读者多是牛街人;它扎根宣南,是宣南读者协会的团体会员。成为一个社区性的群体阅读标杆之前,这是一个"宣武区(现属西城区)十大藏书家庭之一"的谢景懿之家组织的"懿行堂书斋读书会"。经过西城区第二图书馆的发现与培植,小型家庭读书会成长为一个社区的文化交流大课堂。

没有什么关于娱乐与休闲的生活设施,一个整齐而充实的小型藏书馆让不大的屋子显得有些拥挤——读书会的发起者谢景懿,就在这个曾经举办过多次小型家庭读书会的家里,她接受了笔者的采访。

张安琪:您是如何想到发起这个读书会的?

谢景懿:这还得从我俩退休以后说起。我是退休中学语文老师,我先生是退休中学数学老师。我们退休之前就喜欢读书,买了很多图书,关于回族历史文化的、民族研究的书。退休后十几年,通过各种渠道买书、看书,积累了不少要研究的课题和内容,也基本上有了一个小规模的家庭图书馆,现在有25000册书。

我们作为穆斯林老人,要做自己的教门功课,每天读经、把斋、礼拜等是我们生活的一部分,但是剩下的时间要读书学习,要把我们学习到的知识与人交流。我们穆斯林的这些姐妹们都很愿意学习,来我家里一块儿讨论,搞个专题,如关于家庭传承,关于当前穆斯林女性如何在社会发挥作用等。带着这些专题,我们读点书、学点知识、写点文章,大家讨论完都觉得很有收获,于是就变成家庭读书会了。

家庭读书会名气越来越大,我所在的西里二区街道的党小组入户查看拆迁后各家情况,发现了我这个小型家庭读书馆,了解到我们的家庭读书会,然后就把我当典型报上去了。我们家前后被评为"宣武区十大藏书家庭"之一、西城区"藏书状元户"、北京"书香家庭",我个人也被评为"北京市学习之星"。拿到"书香家庭"荣誉以后,我就想着我们已经从小的读书家庭走出去,到了大的读书家庭了。举办更大的读书会,这才是我的读书梦。

这个大家庭如何组建的呢?就是这么几次的材料上报,西城区第二图书馆李金龙馆长找到我,他说我们这个图书会可以上他那儿去搞,他为我们提供场地,提供一切方便,帮请老师、支付课酬,让大家来读书、来听讲,研讨回族的、宣南的、牛街的历史和文化。

于是,我们从2015年3月开始筹备,2015年4月正式举办第一次读书会,地点也搬到西城区第二图书馆的小会议厅。这里有十分标准的阅读环境:50套课桌椅,全套电教设备,光线适宜,空调开放,供应茶水。有馆方人员现场指导与服务,会员人数不断增加,学习热情不断高涨,迄今已举办35场读书会了。

2015年4~8月,我们读书会名字是"懿行堂书斋读书会",与西城区第二图书馆合办。到了2015年8月,馆长建议我们更改为更能吸纳大众的、为社会更容易接受的名字,就叫"牛街回族大众读书会"了。

张安琪:咱们这个读书会是什么性质的?

谢景懿:2015年8月改名后,我们的读书会性质也由民办公助改为公办民助了。我们这个组织是宣南读者协会的一个团体会员,我们是以宣南读者协会的名义活动。而这个宣南读者协会的活动,主要依靠西城区第二图书馆的支持。

张安琪:以往的读书会主题都有哪些?

谢景懿:2015年8~12月,我们读400万字的长篇《回族史诗》这本书,一共办了9场。从导读开始,邀请读者——我们自己办的《回春》杂志的主编(也是诗人)陈敏正先生给我们开篇介绍,请中央民族大学的著名教授李佩伦哈吉总结收尾。我也讲了其中的一些,明代史、元代史、清代史,还有回族史等,还讲了怎么读诗。大家的读书积极性很高,都很认真地学呀记呀,有的还能背下来。

我们2016年就是一个主题——宣南文化。李馆长做了一本《宣南文化游》,他免费给大家每人发1册。通过这本书,我们了解了宣南文化。随着这个课题学习的深入,我们发现还有内容要补充——一方面,我们是回族伊斯兰的背景,我们也为宣南文化做了很大贡献;另一方面,我们打算以《宣南文化游》为总纲,为宣南文化增添内容。牛街的胡同文化、姓氏文化、印刷文化(民国时期回族印刷品)、牛街回族家谱传承文化、牛街回族体育文化、牛街饮食文化、玉石文化、回族中药文化……每个专题都有配套读的书和相应的主题课。这一年下来,宣南文化讲了16

个课题。

张安琪：读书会的组织开展形式是什么？

谢景懿：我们是两周一次的课，课堂以上导读为主，朗诵为辅，课下自己阅读。课上老师讲完了，给学生一点时间来讨论，一般都是两节课两小时，后面剩15~20分钟，大家讨论、提问题。比如，"宣南文化之回族中医文化"那节课，互动特别好，因为大家都熟悉，都互相分享自己和身边人的经历，大家说着老师还记着，补充自己的教材。

我们强调提高大家的阅读能力、学习能力、赏析能力。我教他们读书方法，就像教语文课一样，拿读者们当我的学生。我也按照大家的平均程度——初高中水平，由浅入深来讲。大家回去除了自己读，在微信交流群上谈感想外，还会根据自己的感想、体会写文章。

张安琪：会员们的书都来自哪儿？

谢景懿：像《回族史诗》这本书，原价180元，作者就以120元的价格卖给我们。我们朗诵的时候，人手一本。

大家手里书很多，价格合适的、或者人家给我们提供的，我们就人手一本。没有这个条件的，我就复印主要部分。我每次印刷的时候，都照着50份来印。这个费用由我出，有时候图书馆也会补助一点。

张安琪：读书会的会员是如何集中起来的？

谢景懿：一部分会员是我们原来小型家庭读书会的成员。后来扩大了，好多人都来报名。有牛街的，也有其他地方的。还有一些通过微信报名。他们来了以后，我们简单审核一下，只要是"悦读书人"，我们都接受。来这儿上课的人不定数，有基本队伍（会员）、有流动人员（对某方面感兴趣的人士）。我们安排的活动内容也通过微信群通知，牛街礼拜寺也通知，读者之间也互相通知转告。比如，金立言专家讲"瓷玉文化气"这节课，好多专家、爱好者也都来听。课是免费的，大家都可以来听。课堂很活跃，气氛很热烈。

张安琪：如何审核新会员呢？

谢景懿：我跟他有两分钟的谈话，就可以大概知道他是什么人：受教育程度如何，文化程度如何，脾气品性如何……我们回族有个词语叫"多斯提"，就是"朋友"，大家就聊聊、说说。有的不是穆斯林，他说我喜欢回族文化，比如想了解哈氏风筝，我们也都欢迎。

张安琪：除了读书外，读书会还有没有其他活动？

谢景懿：我们的回族阿拉伯文书法班可以说是读书会的产物。李馆长在调研过程中发现牛街地区有很多人喜欢阿拉伯文书法，但是没地儿学，于是就托我办这个书法班。馆长为我们请了刘敬一、李文彩两位高级书法老师。两个初级班，为期6个月，40个人毕业。在毕业的里面，又办了一个中级班。结业后又搞了一个研习班。我们要求书法班会员也参加图书会。凡是两个班都能参加的会员，都特别积极。读书会还放过回族题材微电影，放过3回，其中就有那部比较有名的《清水里的刀子》。我们读书会的形式很活泼，我们不死读书，这些都属于文化。

张安琪：读书会运行过程中遇到的困难有哪些？

谢景懿：一个就是选书上的困难，要选适合会员水平的，能让他们接受的、又能起到一定提高作用的。请讲课人也有困难。我得先打电话，问人家能不能接受。然后提要求，好让人家做准备，我还要审稿子。如果是老人，得派车去接过来，讲完课吃工作餐，然后还要打车给人家送回去。像这些就属于细节，都需要很缜密，不能有疏漏。而且我们经常遭到婉拒，得多次邀请，方能同意，还有的至今没能请到。

张安琪：对读书会未来发展的看法和期待是什么？

谢景懿：我们就一步一个脚印地走，慢慢来，不想有太大的扩展。读书是要从苦中来，不在寂寞中读书，寻不到它的快乐；得经过苦中的磨炼，方能读出书中的甜美。

目前来看，我们的读者还是以退休以后的老年人为主，我们希望影响再扩大一些。比如这次回民小学请我到课堂讲阅读，这就是个机会。

另外，我们夫妇俩和牛街工委宣传部谈了一下，打算在牛街地区进一步开展阅读活动。因为目前我们这个读书会还有一定局限性。我们希望能通过牛街工委，把地区的社群组织和文化、文艺宣传队调动起来，一起把阅读工作进一步推广。比如这本《回族史诗》，还是值得我们整个牛街社区围绕这本书来搞一个活动。

张安琪：您觉得是什么在支撑您为这个读书会费这么大心力？

谢景懿：过去我们没有机会和时间，退休后学了十几年，在学的过程当中想做一些事。咱有这个读书梦，要实现这个梦想。而且这个符合大众需求，很多人和我们一起在做这个读书梦。读书是我们精神生活最需要的，而且也是我们北京市民、牛街人最需要的。过去没有很多机会去读书，现在我们有条件了，就希望把读书搞起来。作为文化工作者，能有学习的机会、为大家服务的机会，难得。所以我和我的先生尽管"残年余力已不足"，还是要去坚持。有人说：谢老师老矣，尚能粥否？我说：能，还是可以正常吃点饭，就是能力、记忆力都有限了。我这条腿不方便，弯不了，我做礼拜都是坐着。怎么办呢？就拖着这条腿，2800步去图书馆，2800步回来。用我在"中国梦，我的梦"演讲中的一句话说："苍龙日暮还行雨，老树春深更著花"。

# 集贤书院——社区读书让诗意飘进千家万户

黎 竹

"集",汇集,由读书会汇集更多的志趣相投的人;"贤",好,集贤人,集好书,服务更多爱书的人、爱读书的人。

当前,公共文化服务体系构建已成为公共文化建设中的重大问题,而社区是社会构成的基本单元,社区文化建设是社会文化建设的最基本要素,那么社区图书馆建设就是社区文化建设中最易于开展、最行之有效也是最能体现公共文化服务价值的事业。社区图书馆的方向是开展积极向上、能够促进人们学习和工作进步的活动,如阅读推广、诗歌朗诵、名画名作鉴赏、名人大讲堂等。而秦皇岛中铁社区图书馆——集贤书院,为社区居民提供了诗意的生活,书香也萦绕着这家读书会。2016年秋天,集贤书院读书会负责人赵浴宏在北京接受了专访。

## 书香是一座社区的气质

黎竹:请问图书馆现在有多少本书?

赵浴宏:图书最开始只有200多本书,后来陆续购入了300本。我们采取了各种方式增加图书,同时也号召书友捐书。比如,北京甘露寺的一个义工知道以后,主动联系我,寄了一大箱;还有中铁宣传策划部的一个员工,他送来了100多本书,放了一个书架呢!现在社区图书馆大概有上千本书了,社区的居民可以通过网上预约来我们这里看书。

黎竹:读书会在开办和运行过程中得到外界哪些帮助或支持?

赵浴宏:我们充分依靠社会力量增强可持续发展能力。这种力量主要包括资金、财物募集和志愿者服务两种形式。其中,资金、财物募集在满足社区图书馆建设的一些特别需求方面及在争取得到援助和支持方面起着举足轻重的作用,中铁地产为我们提供100多平方米开阔的空间,并免除了房租和物业费,甚至包括初期的一些图书及书架。当然,社区图书馆倡导读书的行为实际上也是一种对房地产的推动,对房地产行业的文化定位也是有帮助的。

黎竹:社区图书馆的日常运行情况大致如何?

赵浴宏:中铁社区目前有2000多户居民,未来还会不断增长。而中铁社区图书馆几乎全天开放,从早上8点到晚上11点,这些信息我们都在馆旁设有标牌,上面还有电话号码,如果想要预约图书馆服务可拨打电话。

## 以阅读文化凝聚社区向心力

黎竹:读书会的成员是如何构成的?他们的年龄分布大概是怎样的?

赵浴宏:我们通过社区图书馆阅读时间记录,挑选出经常看书的居民,召集他们加入读书会当中,并且以赠送书法作品等鼓励性措施吸引社区群众加入,用奖励促进大家多读书。而会员之间则多用电话和微信联系,在社区图书馆聚集一群相同爱好的人,大家读着不同的书,当然这样的社区服务也能够辐射周边社区,通过活动宣传让更多的人来感受阅读的美好。

大多数时候以中青年读者居多,但有时候小朋友也会来我们这里,妈妈就会给他念书。还有80多岁的老人也会过来,老人讲述自己的阅读经验,我们陪老人聊天,这是一种关怀。老人用他的人生经验告诉我们,人生的价值不在于"别人为你做了什么,而在于你为别人做了什么"。

黎竹:请介绍一下读书会主要的活动形式或主题。

赵浴宏:通常会通过朋友圈号召大家一起活动,以多种形式展开,体现从古到今的文化。比如书画会专题,与喜欢书画的朋友定期约在每个周五的晚上,一起谈诗论画。诗词会是与中华诗词研究会联合举办,而摄影会则是为读书会会员免费摄影。同时,一些针对不同人群的形式,比如素女会,就是针对女性的免费的琴、棋、书、诗、酒、花、茶等相关知识培训;亲子会则是父母读书给孩子听;孝亲会是为老人借书所提供的。此外,我们还创新了读书会的形式,增加了书友之间的交流,互助会可以为想看某本书的人网上搜书,歌友会就结合K歌软件与读书会成员互动。为了补充特别出色的书友,更加全面的了解,采用"真人书"的形式采访撰写成文进行宣传。

黎竹:书画会有些什么活动呢?

赵浴宏:书画会倡导每个人都要写,我的先生刘贤涛老师是秦皇岛专业的书法家、画家，这也是书画会开展活动的一个便利条件。通常由他做示范，并在其他人都书写了以后进行指导。我们每天都写，偶尔也会互相切磋，并在一段时间后看看是否有进步。其实，诗、书、画都是相互关联的，爱书法的人不光练书法，往往也会自己写诗。比如，有个报社记者就在跟刘老师学书法，跟我学写诗。我呢，本身就是中国诗词协会的会员，所以不光会写古体诗，也会写一些朦胧诗。我们聚会的时候，不只是吃饭交流，还会针对此情此景当场写诗，你一句，他一句，最后我就拿本子记下来。我觉得我们将诗文化真正地融入了生活。

黎竹：除了上述诸多活动外，集贤书院有什么特殊形式的活动来推广阅读吗？

赵浴宏：我们曾开展过品茗读书活动、诗书接龙活动及"早读、午读、夜读"时刻共读活动。还有一些比较新奇的活动，如"最美书房评选"的书房评比活动及直播读书会讲座的直播活动。除此之外，我们的便民活动还有结合出版社新书推荐，给想读书的人送书上门、募书换书等活动。

"趣味寻宝"活动是为了吸引书友。这个想法萌生于我之前读的一本书——《查令十字街84号》，讲陌生人之间相互写信，有个人就写信给邮差，感谢他为他们传递信件，就像"天使来了"，令邮差特别感动。我就想我们也来效仿这个游戏，不过需要改编一下。我把书包好，放在小区的某个角落里，并将此信息发布在朋友圈，邀请大家参加"寻宝"，这样不仅能增加阅读的趣味性，还能扩大读书会群体。

另外，我们还实行以"图书漂流"的方式来扩大阅读面。比如，上次参加《哈佛青春成长课》读书会的朋友就是我看完送过去给他的，那本书我读了3次，用了3天时间，并在书上做了笔记。而他看了一周，他也可以写下自己的读后感，经过小范围漂流，让周边的人看完这本书后，读书会就开始了。

黎竹：到目前为止，读书会的成果有哪些？

赵浴宏：自举办读书会以来，我们发表了14篇原创文章，其中古体诗5首，近体诗4首，读书文章5篇。写的比较好的诗词作品我们会送往诗词研究协会评比，甚至向《中华诗词》投稿，参与网络评比等。

## 阅读推广与社会公益有机结合

黎竹：您怎么看待读书会存在的意义？

赵浴宏：通过阅读建立了人与人之间沟通的桥梁，从阅读到交流，再到理解，最后成为朋友，这些都是一个过程。我觉得这件事特别有价值，能够带动更多的人爱书、读书，让我的生活更有意义。好多书友都是兴趣相投，为了陶冶情操，为了不断前进、不与时代脱节，利用阅读向朋友圈展示丰富的业余生活，扩大群体影响，文化才得以代代相传。

黎竹：听说您不仅负责社区阅读推广，还是一名支教老师，也在为孩子们搭建阅读世界的桥梁，能具体讲讲您在这方面的工作吗？

赵浴宏：我支教的学校规模不大，一共有两三百个孩子、20多个老师，教学条件非常艰苦。可我从支教活动中找到很多乐趣。校长非常感动，他说："很多老师都觉得我们这学校破，可是在你眼里学校美得不行。"

我是一个爱书的人，本来是学校的老师，也在负责校园图书馆工作。

在农村支教期间，我对学校里的孩子们做了一个调查，问三年级的孩子除了语文课本外还有什么其他的课外书，结果他们把课外书带到教室里，发现好多书都破得一翻就散了，我看了之后挺心酸的，就拍照发在朋友圈，问是否有爱心人士愿意捐书给孩子们，我可以代为转交，现在他们就陆续联系我说要捐书。我计划在书全部到了以后，再根据学生情况进行分配。我对图书的信息特别敏感，有一次路过一家书店，看见海报上说扫码送书，我立刻进店与经理沟通了，回来以后就安排学生家长参加活动，通过这样的方式孩子们又有了一批书。

黎竹：您从其中收获到什么？

赵浴宏：通过书会友这种形式，我遇到很多有才华的人，他们腹有诗书气自华，在我们讨论的时候是深层次的交流，在一个良好的环境中不涉及利益的交换思想，是一件美好的事。环境美，读书本身也很美，朋友交往的真诚就更美了。我希望成为一个金牌阅读推广人。我曾经写过好几百万字的书评，集结成一本书，叫《宏观书场》。关于这个有意义的尝试，我更希望能够提供一种范式，鼓励周边甚至更多的社区开启这种阅读模式，共享公益。

## 致力于弘扬社区阅读文化

黎竹：关于图书馆及读书会未来的发展有什么想法吗？

赵浴宏：秦皇岛有一个"世界上最孤独的图书馆"，这个图书馆与我们一样，都是社区型图书馆，目前在人数上有限制，每天预约40位读者。其实我们的图书馆应该有一个定位，建设一种书画音乐的特色，融合摄影、古琴与诗画特色。我觉得做书画的人是有责任肩负起弘扬传统文化的一份责任,尤其琴、棋、书、画这些元素应该在我们的图书馆有所体现。

另外,我们正在努力寻求多方合作,加强与房地产商、校园、图书馆的合作。我是一个特别注重收集信息的人,善于利用各种有效信息。我听说秦皇岛市图书馆可以申报分馆之后,为了争取市里的支持,让书的数量变得更多,种类更丰富,社区里的人都可以找到、看到自己喜欢的书,我就给市图书馆打电话。后来市图书馆的领导就来考察了,他说我们这里位置不错,地方环境也很好,正在考虑是不是在我们这儿设立一个分馆。我们也会积极地加强与其他类型图书馆的联系,开展馆际合作和资源共享,以保障社区图书馆的可持续发展。

集贤书院要努力增强自身造血能力。在兼顾社会公益性的同时,可利用自身得天独厚的有利条件开辟图书出租、销售等有偿服务,还要多想点子,抓准抓活其他"副业",并获取可观的经济收入。尝试通过多种渠道来壮大读书会,使社区图书馆获得发展。比如,可以将刘贤涛书画和一些家居装饰设计进行售卖,可以开辟休闲饮食区域,通过茶、咖啡等销售盈利为图书馆提供周转资金。同时,尽力打造一个"琴棋书画诗酒茶"的文人生活环境,使图书馆的阅读氛围更富有人文气息。我们已经与北京大学的古琴创业项目合作,引进古琴培训项目。另外棋艺和书画培训,都可以通过朋友传授教习。

总之,社区图书馆不但是开展文化教育和提供文化信息的重要阵地,而且是人们休闲娱乐的良好场所。我们的社区有个好邻居群,这是我们工作的好起点,我想告诉大家,只要你们来,不管多晚,只要开着门,你都可以在这儿看书。我认为灯下读书的人最美,有一盏灯光,屋子里有书香,多么惬意。

# 为老年阅读贡献一份力量

## ——专访家文化读书会负责人薛晓萍

黎　竹

家是社会的最小细胞，家里充满爱社会才更美好。用心读书，用心做读书会，用情暖家，用情感动读者，用情去看这个世界美好。

2016年底，在北京大兴的一家咖啡馆内，笔者见到了刚在广州参加了多场读书会活动的薛晓萍女士，身着彩色长裙的她叫人眼前一亮，驱散了寒冬的冷意。她10年前创立了家文化研究工作室，并策划和组织了近百场读书会活动，在推广老年阅读方面具有丰富的经验。

## 书籍是关怀老年人心灵的"法宝"

薛晓萍告诉笔者，她毕业于北京师范大学，受家庭影响从小爱读书，陆续出版了诗歌、散文、随笔、纪实文学等专著数部。当问其为何致力于读书会时，"用心读书，用心做读书会，用情感动读者，用情去看这个世界，感受到世界的美好，这就是我做读书会的目的"，薛晓萍含笑回答道，眼底却涌动着泪光。她向笔者讲述了一段往事，道明了自己推广老年阅读的起因。原来，10年前清明节那天，薛晓萍家里3位至亲老人都突然去世了,她当时经营着一家会计师事务所和资产评估事务所。"在自己的老人去世后,一夜白了头,感觉家一下子没了。"在中国,尤其是独生子女,老人离开以后家里会变得很冷清,就算多子女家庭,父母一离开兄弟姐妹也疏远了。此后她注销了两家事务所,放弃了注册会计师资质,开始关注老年人这个群体,并将生活重心放在了老年人身上,就这样她在全国多个养老机构和社区从事了10年义工工作。

渐渐地,薛晓萍发现,比起给予老年人的生活保障,这个社会更应该给予老年人精神方面的关怀,基于此,从2006年开始,她就在养老机构及社区开展公益活动,陪伴老人读书,教导年轻人孝敬父母。此外,薛晓萍撰写了老年休闲生活系列《老妈的微信时代》《常回家看看》等书,希望用文字引起社会对老年人精神世界的重视。

薛晓萍做了很多年的义工工作,觉得最能够打动老人的还是心灵关怀,最能陪伴他们的还是书籍。当面对养老院里的失独老人、孤寡老人、身患重病的老人时,薛晓萍从心底涌起一种想要关爱他们的冲动,于是她把这种心情化作秋天为他们织围巾的动力。她用筷子一般粗的木质织针配以柔软的羊绒线,一针一针地织就了几十条围巾,然后在中秋节那天送去香山脚下的养老院。

可是,当她走进养老机构时,发现许多老人都没有把那里当作家,并且一直心系自己的"老窝"。当她看到秋天里老人们在树下凝视着干枯枯的枝丫和鸟巢时,她非常心疼这些老人。"我能感受到老人心里的孤寂,尤其在节日里。那一刻我就想起那句'绕树三匝,何枝相依?'于是我就想更多地帮助住在养老机构的这些老人,坚持陪伴在他们身边",她坚定了陪伴老人的决心。在此之后她花了更多的时间做义工工作,在家人的支持下,她还送了老人们很多衣服、帽子。后来有一次,薛晓萍在院子里给老人们"开会"，给每人送了一本自己写的《穿衣之道：女子服饰搭配秘籍》，那本书里不仅讲了服饰搭配，还讲了怎么缓解心境。她回忆说："我告诉他们特别郁闷的时候就可以翻看这本书，例如今天是阴天，那就可以披一条黄色披肩。天气是没有办法改变的，但心情是可以改变的。"她还带去了一些衣服，一边指导老人如何阅读一边亲身示范如何搭配，老人们笑得合不拢嘴。

"我知道老人们真的不缺钱，缺少的是精神的慰藉。这样的读书会，大家有收获，还特别开心。"前年她和几个助老义工策划出版的两本书就叫《老小孩乖》《糊涂的爱》，里面讲的故事都是亲身经历，其中讲到老年人特别可爱，他们亲切的欢乐劲儿，就像一只只飞扑的大蝴蝶。

## 多方合力在阅读中推行家文化、孝文化

薛晓萍提道，养老院里的老人们特别敏感，大到房子调价，小到护工说话的态度，都可能影响他们的心情。她让自己心里充满阳光，再见面给他们一个大大的拥抱，让他们也能开心一点。但自己一个人的力量实在渺小，所以开始寻求团体的帮助，但是如何让社会重视家庭文化，重视老年阅读呢？她想起了大学生这一群体，大学生是志愿者的重要组成部分，也是老年人乐于亲近的对象。于是，她依托家文化研究中心在北京的大学里办了很多场读书活动，每场活动的主题不一样，但都涉及家庭与老人。

2011年母亲节，在首都师范大学的一次读书活动中，他们请到了冰心的女儿吴青，开展了一场关于母爱的读书活动。这场读书会一直在灌输一个理念：最珍贵的礼物是拥抱，很多学生听了以后表示如何向母表达爱意。在中国地质大学那场活动中，薛晓萍讲到去敬老院做义工，就

用一把椅子做实验,亲身示范应该怎么与老人交流。而北京大学那场活动,开场她就讲了一个关于怎么称呼老人的故事,生动的开场白一下就拉近了与读者的距离,全场热烈鼓掌。

薛晓萍10年来一直在做这些工作,"我们那时不叫读书会,只是一个关于读书的公益活动,号召大学生敬老爱家"。在这期间,她看到了读书的力量,就坚定了要让更多人去感受这股力量的决心。

薛晓萍因为关注老年人,对家文化产生了浓厚的兴趣,于是成立了家文化研究中心,2016年依托天舟文化股份有限公司,开展了"让家走进社区""爱进万家"等一系列活动。这些活动通过与社区合作,将阅读推进千家万户,以文字、图片甚至视频的形式,向老人和小孩宣讲家文化,从而指导大家读书。在家进社区活动后,薛晓萍在自己的微信公众平台发布文章《随笔——天舟·爱传万家》。她写道,"单膝跪地与小女合影的爸爸,还有那抱着婴儿的奶爸,脸上洋溢着幸福爱意满满。这样有爱的年轻人不愧是爱的使者,虽然没有天使的翅膀,也会将这人间大爱传万家"。

但是这些活动成本较高,"我就在想能不能有接地气、低成本的活动?使读书会的活动不受资金困扰"。于是,2016年和山西青莲读书会、广东屯粮计划读书会及山西小桔灯读书联盟等读书会多家联合策划,请到畅销书《民国清流》的作者汪兆骞老先生与读者在读书会上见面交流。家文化研究中心自费购买了近百本图书,现场免费签送给读者。

关于这次读书组织联盟策划的读书会,薛晓萍说,一般而言,场地是一个读书会成本最高的一项支出,"但幸运的是在选择策划场地时,大地保险公司提供了无偿的场地,那是个容纳百人的会议室",她继续说道,"由青莲读书会负责招募大学生作为读书会的人员,因为有名人效应,所以当汪老给他们讲读书、讲写作这本书的心境时,他们都听得十分认真。

考虑到都是大学生，我们特意邀请了人民出版社读书会副秘书长朱弘帅现场和大学生互动，这次读书会的气氛很好。当时外面是一个古玩市场，外面如此喧嚣，年轻人在里边静心读书、做笔记"。随后，薛晓萍在自己的微信公众平台发布文章《慕青记——青春读书会掠影》。

薛晓萍解释说，联合开展的读书会活动并不是活动完就结束了，他们还有人员跟进，并根据读者反应、细节等进行总结。她会把这些情况发表在公众号上，比如，在山西的这场读书会被连续报道，当地电台还发起寻找"最美的阅读者"的活动，产生了较大的影响力。虽然说"90后""00后"是"刷屏一代"，但这场活动把阅读推向一个新的高度，大学生用笔记、用心写的照片见诸报端后，受到广泛好评。

# 以家和孝为起点，化情交心于读书会

## 选题策划是重点

薛晓萍谈道，其实读书会不仅需要多加合作，还需要做策划，选题尤其重要。上个月在广东与屯粮计划读书会合作，参加的读者老少皆有。她做导读人，读的那本书叫《把时间当朋友》，"时间是年轻人与父母相处最最矛盾的，大家都在问'时间都去哪儿了'，我说'偷'，因为'浮生偷得半日闲'，恰如谈恋爱'偷'来的吻最甜，'偷'来的时间最珍贵。这一下扣住主题，大家都开始踊跃发言。"薛晓萍告诉笔者，最开始她也不知道该怎么去策划，后来经验多了，慢慢就轻车熟路了。比如春节期间，读书会如何和欢乐的氛围融为一体呢？薛晓萍提到他们将开展一些活动，如做了一套礼仪丛书送进社区，并邀请民俗大腕作家主讲，跟大家一起分享阅读体验。

## 兼顾创意与成本

创意不仅在大处,也体现在一些小细节。有一次,她受邀参加北京社区周末讲堂关于读蒋勋的《美,看不见的竞争力》的读书会,来了很多年轻人。开场的时候她说:"相由心生,读的书越多,人看起来越美,不信大家互相看看,觉得美就击一下掌!"结果读者们互相夸赞,这样的开场白就活跃了气氛。还有一次在东方客栈,活动结束的时候有人送来一大束花,她当即把鲜花拆开分给了大家,"人对世界要有美感,要看到它的美"。之前某次读书会他们买了许多鲜花,请了专业插花师加入了插花这个环节。但考虑到成本太高,后来薛晓萍把白薯泡出芽,把枇杷果核泡出芽,把牛油果泡出芽,把白菜根泡开花,用自制绿植教社区老年人调节自己心情,这种接地气的方式也给大家带来了新鲜感。

## 读者互动才热闹

薛晓萍在开展读书会的时候非常注重读者互动,比如在一个客栈讲孝道,让孩子们常回家看看,就问了一个老太太她收到过的最感动的礼物,她回答说是来自孩子的鲜花。薛晓萍这样理解老人的回答,"老人最普遍的需求就是孩子的孝心,这个孝不一定是物质需求,也许就是一个小细节。孝从了解开始,中国人不善于表达情感,比如年轻人给一个大大的拥抱,老人就觉得很幸福了"。这场活动中有一位公司老总告诉她,他的员工请假说要飞回家看父母,他二话没说就准假了。"这些都是在互动环节读者主动告诉我的,这样一来就不是导读一个人在分享,而是一群人在学习家文化。"最后大家一起朗读二十四节气,一直到夜深人们都不愿离去。

读书会倡导的是读者如何读书,传授读书的经验。比如,有一场大地保险公司高层的读书会，题目非常吸引人，叫"大家谈读书"，这个"大家"既有普通读者，又有像汪兆骞老先生这样的大作家。在这场读书会中，薛晓萍先分享了两个关于读书的小故事，说明了无目的读书是一种享受，可能收获更多，然后再介绍如何读书，这个过程大概10分钟。接着汪老讲他怎么去读一本书，交给大家读书的方法。接着大家开始一起读书、彼此分享，询问读书的内容和方法，他站在大家的阅读起点上，一一作答。

## 有创意、接地气地坚持做好老年阅读

总结经验，薛晓萍认为，开展读书会首先自己要热爱读书，她每天都要写一篇《悦读福气》的文字放在公众号上；其次，读书会不能流于形式，要有创意、要策划，全民阅读需要新形式，不能停留在表面；最后，读书会策划不能一蹴而就，需要做大量功课，要了解读者群，知道他们需要什么，怎么去满足他们的需求，用最接地气的方式举办读书会。

在未来规划方面，家文化研究中心把推动全民阅读，给读书人组织老少皆宜的文化活动当作自己的责任，简要来说就是继续做好读书会。

家是社会的最小细胞，基于责任感，家文化读书会拟在2017年与天舟文化、青春飞扬、老年驿站等多家公益机构共同组织多场进入社区的活动，利用不同季节、时间及地区不同的居住人口，走进社区，形成一个全方位的体系。家文化读书会还将与各地读书会组织合作，展开一系列对于家文化的传承活动，在全民阅读大趋势下进一步推动老年阅读。

薛晓萍最大的嗜好就是读书与写作，早在10年前她的读书笔记《悦读福气》就由作家出版社出版。她坦言道："我从读书中得到的快乐太多了，我得到的比付出的要多，但我还没有怎么帮助过别人，所以我在读书会方面尽量帮助别人,大家互相帮助,做好读书会,目的就是全民阅读加我,一个小小的我。"薛晓萍的微信头像一直是一棵小树苗,她说自己是昆仑山上一棵草,希望贡献给社会一抹绿,读着书慢慢变老。

# 以活跃多样的组织形式激励阅读兴趣

## ——专访袋鼠读书会创始人温婧

刘子涵

不管是多变的形式，还是"带着一本书去旅行"的大胆创新，所有的形式都是服务于简单内核——纯粹地读书。

没有门槛与限制，没有强制性的规定，对书的热爱其实就是最缥缈而又最结实的纽带，让人们简单又纯粹地聚在一起。

刘子涵：为什么叫"袋鼠读书会"？有什么寓意？

温婧：我读研究生的时候，有一位老师姓戴，是在旅游管理领域里很优秀、很有思想的一位老师，她的学生就叫"袋鼠"。她要求我们每学期都要写读书计划，每个月都要读一本书并且写读书笔记。当时老师对我们的要求有8个字："仰望星空，脚踏实地"。我们做学术研究的时候也一直秉持这个理念。这个社会整体很浮躁，大家进行碎片化阅读的时间太长。工作的繁忙使大家很少有整块的时间坐下来安静读书。于是在我的提议下，我们几个同学于2013年成立了读书会，一方面，同学之间可以借着这个机会聚一聚；另一方面，信息的共享和思想的交流也能督促自己去读一些好书并以写读书笔记的方式让自己沉静下来。

最开始是同学内部，但是由于人员数量较少且大家时间总是不确定，便将读书会逐渐扩展到社会中。我们有自己的游戏规则，愿意遵守游戏规则的人就可以加入。关于宗旨，最初也没有太多想法，就是希望大家能聚在一起静下心来花一下午的时间来分享自己读过的一本书。最后的分享是一种动力，推动你提前准备，仔细阅读并且消化这本书。我们还在想要不要放宽限制。其实周围很多人都有读书的愿望，不过不见得落实，但不可否认他心里确实有这种愿望。如果完整消化一本书有些困难，那么他只要愿意花一下午时间坐在这里就已经很好了。所以说不要设立太多的门槛，并不是你一定要读某一本书、一定要读完这本书才能过来。我们欢迎所有愿意花时间的人加入。

刘子涵：读书会何时成立？成立之初遇到过什么困难？又是如何解决的？

温婧：大概是2014年2月。当然会有问题，正是这些问题和困难督促我们不断改变。

第一期形式非常简单：大家各自分享自己带来的一本书，这是第一环节；由于我们同门大部分都是旅游专业毕业的，所以第二环节就是针对行业内的信息进行交流。这种形式更像是行业的俱乐部，比如，谁收购了谁，谁又新创了哪些项目。当我们进行第一环节时就发现了一些问题：某人读过的书其他人没有看过，他自己也没有深入透彻的理解，所以也无法提出让大家能够深入探讨的问题。这就有点形式化，像为了办读书会而办读书会。

刘子涵：所以说这种形式的读书会并达不到真正的目的。

温婧：大家聚一聚的目的是达到了，但是并没有很深的精神上的收获。大家的关注点还只是在自己带来的这本书上，毕竟别人分享的书没有读过，共鸣不强烈便很难产生深入的交流。这就是第一次读书会的问题。

所以第二次我们改变了形式，邀请一个读书很多的老师来给我们讲课。课程时长是一个半小时，老师在课前也认真做了很多准备。他热爱读书，并且有一直坚持写读书笔记进行归纳整理的习惯，所以在"如何挑选好书"方面能给我们许多经验。我将这个老师的授课内容整理成文字，这些内容直到现在还在影响我，现在看的很多书还是他当时推荐的。我认为，在如何选书、如何记录方面，老师的经验十分重要。

第二环节我们保留了第一次读书会的一部分——个人分享，分享后由老师再点评并带领大家讨论。这次读书会的效果已经很棒了，参与人员也不限于读书会成员。大家通过朋友圈看到有这样的活动，有兴趣的便主动参与进来。

第三次我们延续了"请老师"这种形式，但有了新的调整。老师以自己的阅读储备为基础，以年代为线索进行一些书目的推荐或者介绍讲解，包括中国每个年代出现的作品和作家及与同期海外作品的联系。老师用这种"列时间轴"的方式谈他的个人看法。同时他还会分享一些自己的经历：当时读书的一些场景、读书的目的、同学有人或者当时的人对书的评价是怎样的，二三十年后大家新的评价又是怎样的。他会从历史的角度，以更大的视野，通过书来讲每个年代的特征。老师不会"神仙化"一本书使我们盲目崇拜，这种讲解让我们感觉和作家离得更近，更能身临其境地领会。这种脉络不是我们自己在读完10本、20本书后就能总结、归纳出来的，他经历过那个年代并且从事过相关工作，见解自然是地道、深刻的。这一次大家的收获就特别大，交流时还会有一些批判性的东西。

第3期我们还是以老师为主，对于书的门类并没有规定。第4期形式又变了，我们设定了一定的门类，比如科幻类、历史类、生物类、哲学类或者行为科学类，就会分门别类来讲。有一次谈到历史类，大家聊得特别兴奋，本来计划从下午2点到5点，但大家聊到晚上八九点都不愿离去。我们讲的不再局限于一本书，而是历史观和哲学观，例如，怎么样评价解读历史。当讲到科幻类的时候，一位熟悉科幻小说并有过创作经历的人，便会依托他的个人知识储备和经验来带领大家一同探索。我们每接触一门学科都需要明确大纲性的东西：代表人物、相关著作、主要观点；初级、中级、高级的递进又是怎样的等。3个小时的讲解和讨论使得有些人对曾经陌生的领域有了初步认识并产生兴趣，同时他们了解到如何层层递进地去学习、去深化认识，如何有针对性地去读自己感兴趣的书。

刘子涵：我们这些门类是如何确定的？

温婧：我们是根据邀请到的嘉宾来定的，不同的嘉宾会有不同的擅长领域，也就确定出所谓的门类。所有的嘉宾都是我们直接或间接能接触到的人，有些是我们的朋友，有些是书友来信推荐的。嘉宾来讲课也都是纯属自愿，不收费的。他们并不是专门从事某些研究的专家、学者，都是一些喜欢读书、在非专业领域兴趣浓厚的人。

后来我们觉得在室内沟通有些单调，我们就走出去将读书和旅行结合在一起。我本身就是学旅游专业的，知道旅游的作用有哪些，对于怎样将旅游带给人的愉悦感和读书相结合也有一定经验。于是我们就开展了"带一本书去旅行"这个活动。去爨底下村那期活动报名十分火爆，嘉宾是《中国地理杂志》的主任，他写过很多书，其中一些是与建筑相关的，如徽派建筑等。爨底下村作为古村落有着自己的建筑特点，同时较为安静的环境十分适合读书。我们住在一个类似四合院的院子里，嘉宾讲完之后我们就去村里走访游玩，晚上又在一起读书分享。还有一位研究佛学的老师来授课，所有人都会将一些心得手抄记录下来。

刘子涵：那后来是延续将读书和旅游结合的形式，还是继续做一些调整改变？

温婧：变化好多，每一期都有或多或少的变化。后来我们也专门针对某一本书来进行研读：大家都读，然后请某位老师来深入的讲解，而不再根据老师的所长来确定一个门类，每一期的效果都不错。后来我们也开展过读书旅行的室内活动，比如，邀请普米族的文化推广大使来开展民族文化的活动，通过照片使大家了解他们的美食、音乐、舞蹈等。普米族是没有文字的，口头语言、音乐、舞蹈就是最好的记录方式。我们还邀请过一个藏族歌手来现场表演，使大家感受到藏族文化的魅力。还有云南、贵州、不丹等主题活动，旅游的重要组成部分就是体验当地文化，这种"读书和旅行相结合"室内活动形式，通过图片、音乐、舞蹈等形式还原当地风貌也是"读书和旅行相结合"的不错方法。

刘子涵：关于参与人员，是有一些固定的会员还是每次活动都开放报名？

温婧：我们没有会员制，每期参与的人都不一样。关于读书会的信息会通过公众号发布出去，感兴趣的可以在微信上填写报名表。

刘子涵：每次读书会会不会有一些角色的设定，比如把握进程的主持人？

温婧：会有主持人，主持人会有一些固定人选，从核心志愿者里进行选择，然后进行轮换。读书会使我们交到许多好朋友，所以核心志愿者有最初的参与人员也有后来通过加入进来的。

刘子涵：读书会有人数限制吗？

温婧：这个问题非常有意思，由于场地原因我们最初限定每次15个人，结果很多后来成立的读书会也沿用这个数字。现在大家已经习惯每次15个人了，这个习惯也就一直保持下来了。

刘子涵：因为没有会员制，也没有过多门槛，会不会出现人员松散或者活动参与过于随意不好组织的问题？

温婧：所有的读书会，包括由专业人员来组织的读书会都会面临这个问题。因为成员不是你的员工，你不能要求他必须参加活动，只能看活动本身的吸引力。

其实很多人跟我提议说我应该收费，设立年费制度。我是拒绝的，原因只有一个，我是爱读书才创办读书会的，读书会是业余生活中用来点缀的东西，但不是我生活的全部。如果我开始收费，我就要承担一份责任，我就必须把它做到最好，不然对不住会员。但是如果免费，便可以更加随意轻松。我用我自己的资源来邀请一些嘉宾，你能有收获固然好，但如果你没有收获我也没有太大的责任。我不希望把爱好变成自己的束缚。

随着阅读节、阅读季的出现，渐渐地我觉得读书会在向"运动式"方向发展。这时我的心里略有厌倦，读书会我已经办了两年多，到后期还是觉得略有些"形式感"。我不喜欢运动式、形式感、仪式化，不想背离自己的初衷，只想纯粹地将读书当作自己的爱好。我们的公众号也暂停过，因为我在思考为什么要创办读书会。后期读书会有一些合作性的活动，我觉得背离了初衷。如果为了营利而做那么就干脆不要做。

其实我只是想找一些人一起读书，还是想回归到初衷。形式非常简单，不会发太多消息，比如"我在读什么书，恰好你也在读"，那你就可以过来交流，两三个人都行。原来规定15个人就必须达到，现在不会，3个人我们也可以坐在一起聊。这种氛围很轻松，也不会有主持人，也不需要写文章发消息，仿佛又回到了原来的状态，让人觉得很舒服。我不喜欢为了办读书会而办读书会，一定要记得自己的初衷，我的初衷就是有一拨人和我一起读书。不过读书和旅行相结合是一件非常有益的事情，我们会在这方面有新的探索和发展。

刘子涵：在创办读书会过程中有没有什么令您印象深刻的个人体验？

温婧：圈子中我是第一个办读书会的人，还有很多读书会也是受我的读书会启发才创办的。大家很认可读书会这种形式，这让我感触很深。

还有就是大家为了一个纯公益的事情愿意花时间并且投入热情，这个过程中怎么组织人们无偿地来做，这个体验也很深刻。

还有就是我发现外界对于读书人是充满信任的：当我们开展"带一本书去旅行"活动时，很多人在看到微信发布的信息后踊跃报名，其中有一位是南京的妈妈。我并不认识她，她是通过别人的转发了解到我们这个活动。她问能否让她上初中的孩子到北京来参加我们的活动,由于多种原因她不能陪同只能让孩子一个人过来,她把孩子送上高铁,希望我们在这边接待一下。我问她为什么要这样,她说:首先小孩子和大人一起读书视野是不一样的,和大人一起读书的感觉是不一样的,也有利于培养他的阅读习惯。第二个我问她,为什么会相信我们? 她说因为我们是读书的组织,如果是旅行社她就不会这么做。她对于读书人就会有一种莫名的信任,所以放心把孩子交给我们,这件事情对我影响很大,这种信任感给我带来极大的感动。

# 在大学校园"共读书""慢抄书"

## ——专访北京理工大学新烛读写社负责人泮冠如

刘子涵

对于蜡烛,古今中外,人们总是将太多的寓意附加其上。

由麦家的小说《暗算》改编的同名电视剧一直是同类电视剧里的标杆式的存在。"全世界的黑暗不足以影响一支蜡烛的光明",男主角在剧中的感叹,没有牺牲的悲壮,只有慢慢的希望。

在北京理工大学,有这样一群人,他们诵读经典,抄写名篇,愿自己成为新烛将整个学校照亮,让理工科的学子身上除了精准和理性外,还能散发出感性和书香。2016年秋,笔者就新烛读写社的运行情况,专访了组织的核心成员泮冠如。

刘子涵:为什么会想到在一所理工类见长的学府,成立文科生热衷的读写社?

泮冠如:我们最初创立读写社的原因是发现在理工科学校很少有人喜欢读书这件事情,幸运的是我们自己首先找到了能够一起阅读的同伴,我们体会到了遇到知音的好,所以我们决定做这样一件事情。

必须提到的是通识选修课,这是我们理工类大学生在课内接触文科知识的唯一途径,读写社的3个发起人便是在通识选修课上认识的。我们有一个共同的困惑:自己爱看书,但是周围很难找到同样爱看书或读书品味相似的人。但是这门课让我们3个兴趣相投的人能够结识,体会到交流分享心得的兴奋。我们想将一些课上的心得整理成文并通过微信公众号发布出去,于是号召了几个小伙伴。公众号第1期推送的主题是"阅读民国大师",我们将同学们在课上阅读民国大师作品的感悟整理集结,然后发布。在这过程中,我们发现:理工学校还是有人在坚持做阅读这件事情的。我们是幸运的,能够找到一起阅读的同伴,但是很多人仍然没有体会到这种快乐,所以决定行动起来。让北理爱读书的人找到志同道合的朋友,这也是我们最初的宗旨。

同时我们发现,通识选修课提供了一种良好的阅读启蒙教育,很多人会因为这门选修课爱上阅读,我们也希望用自己的力量来进行阅读的启蒙。但是凭我们几个人之力实现大规模地推广是很难完成的,因此成立读写社让热爱阅读的人先聚在一起,便成为我们的第一步。

刘子涵:为什么会取名为"新烛读写社"?有什么寓意?

泮冠如:在读写社成立前关于活动形式有过很多的设想。我想也许"夜读会"是一个不错的形式:黑夜里,我们将水杯罩在手机的光源(手电筒)上来充当夜间的照明工具,这种柔和朦胧的光也营造出一种静谧的气氛。还有一个好处,这种手机的巧妙利用将同学们的意识从屏幕上解放出来,大家可以专心于读书感悟的交流。而且常规的照明让每个人的脸过于清晰,在发表感想时难免拘束,但是当关上灯,以水杯和手机来提供光源时,大家便会聊得很开心。这种独特的照明形式,让我们想到了

"新烛"这个名字。但名字还有深层的寓意：我们希望通过自己的读书行为，来影响周围的人。黑暗中的一点烛光，号召在黑暗中同行的人们可以一起聚集在我们这里。这便是"新烛读写社"名字的由来。之所以叫读写社而不是文学社，因为我们理工类学校，我们绝对称不上文学社，我们只是单纯的喜欢阅读这件事情，读和写是我们与书籍产生联系的最基本需求。

刘子涵：读写社现在的成员有多少位？

泮冠如：我们现在已经上报学校，成为一个正式的校级组织，除了内部活动外还会组织承办一些校级的读书活动。但是作为兴趣组织，我们和其他社团有很大区别，我们想做一些纯粹的东西，只关乎读写。并不是像学生会这种校级组织编制那么大。读写社成立了会员部，加入会员部的人不用参与活动的组织工作，只是单纯地参与我们的活动，享受阅读带来的乐趣。核心干事有20人，负责组织承办校级的读书类活动和讲座类活动。最近我们还在做一个诗词活动的策划，从外场活动布置、海报设计到活动的组织工作，都是由核心干事来承担的。会员和核心干事加起来大约有50人。

刘子涵：北京理工大学有良乡和中关村两个校区，组织活动时如何兼顾到两个校区的同学？

泮冠如：我们现在是大三，刚搬到中关村这边的校区，所以之前的活动主要面对大一、大二的同学，在现在的校区还没有什么动作。之所以主要面向大一、大二同学，除了客观条件的限制外还有其他的考虑：首先，初入大学的新生对自己的大学生活还比较迷茫，读书是一件可以给人指明方向、令人终身受益的事情,所以越早养成阅读的习惯越好;其次,大一、大二的同学相对来说课业负担较轻,有时间参加读写社的各种活动。不过校级活动有学校的支持就另说了。

刘子涵:读写社的活动形式是什么?

泮冠如:关于活动形式我们一直在探索,从最初的公众号到夜读会、读书小组线上讨论、主讲人形式的交流再到全校范围内的"全班共读一本书"活动等,我们一直在实验希望找到最适合、最有效的方式。现在主要采取的是"读书小组线上讨论"的形式。小组的形式多元化,由小组成员的情况决定。我现在带了一个"红楼梦"的小组,我们小组的主要形式是"线上诵读",因为我们的成员跨越两个校区,同时我们组也面对外校喜欢《红楼梦》的同学。小组成员有16人,我们约定于每周六晚以微信语音群聊的形式进行读书互动:用1个小时的时间由大家轮流朗读将《红楼梦》中的一回读完,不要求速度只求能逐字逐句的体会。活动已经开展5个星期,我们已经读完了4回。1个小时的轮流朗读后大家便分享在朗读和听读过程中自己的心得与理解。投入的朗读和聆听,使讨论格外激烈,甚至因为各执己见而产生交锋。其实我们在平常聊天时很少这么较真,但是在自己对书的领悟产生分歧时会认真的进行讨论。在理工科学校中,当大家面对面交流时不是谈一些课业问题就是谈一些生活琐事,很少进行一种严肃的思想上的交流。正是读书让我们有机会感受到这种思想上碰撞带来的激情。我的"红楼梦"小组只是一个例子,还有很多不同主题的小组如"英美文学""沈从文"等。

刘子涵：会不会出现冷场或者讨论过于激烈无法继续进行的情况？

泮冠如：一方面是我们阅读的书籍偏向文学类，即使是针对同一内容，理解也不是非黑即白的，有不同的见解十分正常，不是说一个人的观点一定要打败其他人的观点。另一方面，读书是一件很私人的事情。我们互相交流、互相辩论，在这过程中我们也能对问题有新的认识，对错已经不重要了。在每个小组中发起人其实也是一个主持人，需要把控活动的进程，不能因为一些突发问题而停滞不前。就像在我的"红楼梦"小组中，一旦冷场我就会指定某个同学来发言；出现强烈的争执时也会进行调节，避免进入死循环，从而使得环节顺利进行。

刘子涵：每个小组的主题是如何确立的，或者说不同主题的小组是如何发起成立的？

泮冠如：比如说我喜欢阅读沈从文的作品，我希望寻找周围有相同阅读爱好的人共同阅读、相互督促，我便会建立一个群，然后写一篇文字来说明这个群的立意。再通过读写社的公众号将文字发表并附上群二维码方便他人加入。小组发起人需要思考小组活动形式，可以像"红楼梦"小组一样朗读、精读，也可以是晨读打卡，发起人对活动组织形式的想法会一并推送给同学们，兴趣相同的人便可以加入群聊交流，共同约定时间来进行读书交流。

刘子涵：对于发起人有没有什么资格上的限制？

泮冠如：为了保证读书小组的质量，我们需要了解发起人创立读书小组后的进一步计划，首先发起人需要向我们提交申请并且详述之后活动的开展形式,必须有成形的计划,并且得到我们的认可才可以借助我们的公众号发文,建立自己的读书小组。我们发展读书小组这种活动是希望发起人能够深刻感受到这个小组是有价值、有意义的,即使成员只有一两个,他也能找到兴趣相同的人进行交流。自发建立读书小组最大的优势是:每个人都可以在原本的阅读基础上借鉴别人的心得和思想,这样无论成员多少,参与人都会有无比大的满足感。很多时候人与人的面对面交流似乎更加直接,但就读书而言,线上交流并不会带来人与人之间的隔阂感,新感悟、新观点的萌发使小组成员难以抑制他的兴奋和分享交流的表达欲望,他必须将自己的想法说出来,不会在意对方是不是陌生人,这样反而比面对面的形式更利于表达。读书小组的成员既然能够且愿意加入我们进行线上交谈,就说明他对书目肯定是感兴趣的,兴趣是最大的保障。

刘子涵:除了线上读书小组的形式外,能不能介绍一下其他的活动形式?

泮冠如:首先说"主讲人"形式,这种形式还是受到通识选修课老师的启发。一些大型的读书会是面向全校的,如果实际参与人员的数量达不到预期会影响效果。老师建议我们设立主讲人,不同的主题由不同的主讲人进行讲解。之后我们办了几期"主讲人"形式的夜读会,以主讲人分享阅读感受为主,其他人也结合文本进行意见交换。有比较严肃的形式,比如,在教室里用PPT引导大家进行讨论;也有比较轻松的形式,比如,在晚上找一片空地大家席地而坐借着我们特殊的"光源"畅所欲言。在良乡校区的一次夜读会上,一个女生对张爱玲的作品进行讲解,大家感受都很深。不过与"主讲人"形式相比,我们发现线上朗读文本交流更加高效。如果有主讲人，出于惰性，其他人也许不会深入理解文本而是一味地跟着主讲人个人的思路走。主讲人讲得过深，不一定易于大家接受；讲得过浅，大家则认为是浪费时间。相比较而言，成立主题小组使大家能更加独立地去了解文本，之后的讨论含金量才会更高，而且一些诵读的环节也能够使成员更加充分地感受到文字的美感。不过，诵读环节也不是适用于所有书，对于一些事理性较强的、较为深奥的文本，我们则采取打卡监督然后交流的方式。

刘子涵：能否具体介绍一下，面向全校同学的"共读一本书"的活动？

泮冠如：面向大一新生，我们曾开展"共读一本书"活动：给定10本书，每班从中挑选一本，班级全体成员在这一学期内共同阅读这一本书。由班长带头开展班会进行阅读心得交流。之所以选这种形式，是因为相同的阅读内容使大家更容易产生共鸣，交流起来更加容易些。由于我们只提供10本书，班级与班级之间肯定会有书目上的重叠，这样也可以推动跨班的交流。为了帮助大家更好地阅读，首先，我们通过公众号推出10本书的导读和名人的评价给同学们一些启发；其次，征集读书心得并通过公众号发布，从而激发同学们的阅读热情，鼓励他们拿起笔来。与名家的评析不同，以同龄人的视角进行解析更能够帮助大家解决问题拓展思路。

而且作为正式校级组织，在这类大型活动的开展中，我们得到了学校的很大支持。学校硬性要求每个班必须参加并且把参加情况作为期末班级评优的重要参考标准，这使得人员方面得到保障。

每个班级都会有几个爱读书的人，但是靠他们自己的力量很难营造一种整体氛围,"共读一本书"活动其实是一个很好的助力。

我们还和学校图书馆合作面向全校学生征集书评,并将印有优秀书评的书签投放到图书馆。同学们在借阅图书时发现打动自己的书评,并可以通过我们的公众号找到书评的作者。通过书签找到志同道合的读书人,这和我们最初的宗旨也是相契合的。

刘子涵:作为读写社,在"写"的方面有什么考虑?

泮冠如:我们发现在读的过程中会产生很多好的想法,我们希望以这个想法为源头进行挖掘,形成自己的逻辑体系进行创作并通过公众号发布。阅读中感悟的记录也是"写"的重要组成部分,记录阅读中"从观点发现到完善"的一个过程,这是一件非常令人欣喜的事情。同时我们也会通过让成员为发布在公众号上的名家名篇写编者按,来锻炼作能力。

另外一种"写"则是"抄写"。我们有一个活动叫"慢抄书",大家在阅读过程中进行摘抄并且附上自己的短评。现代科技的发展使得很多人放下了笔,抄写不但帮助我们练字,而且这种高度的手脑合一对于体会作者的用词、文章结构帮助更大。关于作者的行文布局、用词技巧和文字表述展现出的意境,抄写也能帮助我们更好地理解。比如说沈从文的文章,也许某些句子并没有过深的寓意,但是从表达形式来看就很值得推敲。

刘子涵:读写社成立至今,对于自己有没有什么深刻的个人体验或者个人成长?

泮冠如:首先,沟通方面,办活动需要与很多人沟通,讨论交流也需要组织语言。我第一次发言很乱，没有层次，后来为了让大家明白自己的意思，会努力使自己的表述更加有条理、有层次。其次，对于理工科学生来说，在平时高强度课业的"轰炸"下，对日常事务的感知力、对情感的表达还有对文字的理解能力都有欠缺，不过现在都有所提高。以前是纯粹的理工科生思维，现在看到一些事情，思维想法都会更加开放，面对一些纯文学的东西也能理解，与别人交流时也能体会到别人的感受。阅读使我更加敏感，感受周围的能力也在提升。

这学期刚开始的时候，我们4个人在雕刻时光咖啡馆从中午一直聊到晚上，交流暑假的读书心得和困惑。当谈到如何面对亲人逝去的时候，一个女同学突然哭了，说了很多平时藏在心里不愿说出的话。平时我们也进行情境模拟，进行深度的情感表达。神奇的是，我们竟可以毫无防备地将完整的自己展现出来，只要是志同道合的人，即使是第一次见面，我们也会卸下防备毫无保留。关于文本的交流帮助我们增强彼此间的信任，之后在进行其他交谈则会更加深入。

刘子涵：读写社有没有什么近期发展计划？

泮冠如：我们希望在学校有一个"读书吧"，一个爱书人的根据地，我们会为大家提供书籍和场地。区别于图书馆和自习室的读书场所，"读书吧"轻松的氛围将更方便交流，同时也会定期举办沙龙活动。学校已经同意了我们的申请，虽然地点还没有确立，不过也算提上了日程。

# 读者与图书之间的智能"红娘"

## ——专访飞芒书房创始人万兴明

丁彦清　石　尚

飞芒寻书,不仅是为读者寻一本好书,也是为图书寻觅更多好读者。

在飞芒眼中,无数本书和无数的读者,就像命里无缘的情侣们,相互错过。因此,书就像美丽的七仙女,读者就像痴情的牛郎,想要有情人终成眷属,中间堪比隔了道银河。而飞芒书房便是那搭桥的喜鹊,是真心希望好的书和对的读者可以建立联系。

2016年秋,笔者在北京见到飞芒书房的创始人万兴明先生,万先生娓娓道来,向笔者讲述了飞芒书房成立至今的心得、经验和体会。

## 读书会成立的初衷:打造图书与读者之间的关联社区

在成立飞芒之前,万兴明在上市出版企业新华文轩大概做了8年的传统出版工作,从事出版工作至今一共17年。在这10多年的出版职业生涯中,他从一个普通的图书编辑做到出版中心副总经理,期间还创业办过出版公司。做出版的这些年,经他手出版的书有上千种,在打造诸多畅销书的同时,也造出了大量的滞销书。因此,他便经常反思,反思自己,也在反思中国现在超1000亿元的图书库存。他认为仓库里的滞销书并不是没有读者,只是这些书找不到它们的读者。因此,书和读者便错过了对方,不知有对方的存在。如何把滞销书和读者连接起来呢?那就是借助互联网的力量。互联网能够冲破时空的束缚,让书与读者的联系可以摆脱时空的阻碍。没有互联网时,一本书想要找到更多的读者,最好的办法是把书摆到书店的入口处。虽然入口处的位置可以使书的销量提升数倍,但是这样的位置是极其有限的。

为解决图书销售的问题,出版社建立一个发行部门,还有营销部门,而发行部门的图书宣传与销售,本质上是为图书找到读者的行为。比如,出版社的发行部门都想把新书摆到新华书店最显眼的地方,目的是使读者一进书店便可看到这本书,最好还能把它买走。万兴明解释说,这里面有两层含义:第一层是找到读者,第二层是完成交易。而营销部门虽不直接卖书,但也通过自己的方式让书找到读者,或者说让读者找到书。比如,营销部门可以在《新京报》发书评,人们可能不去书店,但大都是读报的,读者在报上看到心仪的书便可去买。这便是一种信息的传播,让书的信息传播到读者那里,万兴明认为这是出版业最核心环节。但为什么最核心环节是出版业最大的痛苦?原因是不知读者在哪里。一本书的读者可以分成两部分,一是非常明确的读者,这可以通过分析图书内容得来,比如《大众汽车维修手册》,读者群很容易确定,无非是大众汽车4S店维修工及大众汽车的车主。但除明确的读者外,还有部分读者是潜在的、隐藏的,他们与某本书不具有直接关联性,但却喜欢它，买了它。比如，一个学生因是汽车业余爱好者，于是买了《大众汽车维修手册》。

万兴明对出版业的困境做出了深刻分析。以《万历十五年》为例，喜欢这本书的人可以分成数个群体，而这些群体下又可分为数个子群体，比如，历史爱好者群体又可分为年轻的和年长的，各行各业的，入门级的和骨灰级的等。这些是可以看得见的，但还有许多是隐性的，像汽车维修、专业培训、计算机教程，这类针对性强的书想要完全找到对应的读者是非常困难的，更何况大众图书。万兴明把买书比作"邂逅"：可能读者遇到一个书店，非常喜欢它的装修，便进去买了一本书；可能这本书的封面设计非常合读者的口味，读者便想把它买了；可能朋友偶然向读者推荐了一本书，读者想读读，便在网上下单购买了……找书的难题阻碍了全民阅读的进一步推广。现在提出全民阅读，但首先面临的问题是全民读什么？读者要读的书在哪里？这些都是我们面临的问题。

## 先有飞芒，后有读书

先有飞芒，后有飞芒读书会。飞芒全称飞芒科技，是万兴明先生创建的"互联网+出版"创业公司，核心产品是"飞芒书房App"。万先生认为，出版界始终有一大困惑：如何为书找到读者。为了解决这个问题，他便借移动互联网之东风，创办了这家公司。飞芒创立不久后，聚集了许多的爱读书之人，便自然而然地有了飞芒读书会。

飞芒一半是文化血统，一半是科技血统。这样的结果也和万兴明的工作经历有一定关系，他最初在电脑报集团工作，那是中国最早的一批互联网媒体，因此他对互联网有着自己深刻而独到的理解。之后，万兴明又在出版行业深度耕耘十几载，创办了现在的飞芒科技。飞芒现在的业务分两大部分，也是"文武"二分，读书会的运行、读书活动的策划、书单的整理、公众号的运营等是一部分，飞芒书房App软件的开发、图书推荐算法的编写、大数据的运用等是另一部分。这正是一半人文，一半科学，二者阴阳调和，便是理想中的飞芒了。

在成立飞芒之前，万兴明已试水过一次，早在2004年，他便建了个图书分享网站，名为"锐度网络书房"。这个网站有点像豆瓣读书，但不同之处在于，豆瓣既有读书板块，又有电影和旅游板块……而"锐度网络书房"却纯粹是为爱读书的人打造的。一般创业公司都是急着发展，而飞芒却想着慢慢打磨。飞芒花了一年的时间去调研，花了一年的时间去开发产品，之后才把产品放到市场上去检验。这份不急不躁、精雕细琢的态度，让人动容，应该是做书的人，真正做文化的人，才会这样去做产品。

飞芒是有心栽下的树，而飞芒读书会是自然结出的果。飞芒读书会是飞芒众多项目中的一个，类似的项目还有"飞芒翻书"微信号、"飞芒书房App"等。在核心产品开发完成之前，飞芒先用微信公众号分享好书。公众号的小目标是代替读者翻书，淘好书。一本书是什么样，读者没翻过，没读过，便不知道，因此读者想要找到一本爱看的书，没有帮助的话，非得费九牛二虎之力。因为读者们真正需要这样的翻书者，所以这个公众号吸引了众多的粉丝。这么多的读者聚在一起便有了飞芒读书会，后来飞芒建了许多微信群，把他们组织起来。

各家媒体每年都会发布各式好书榜，1000个读者，就会有1000个好书榜。对不同的读者群体来说，好书的标准不同，父母爱读育儿书，孩童爱看绘本，老人多读养生书。而飞芒读书会是面向所有爱书之人，一份好书榜肯定不够。所以飞芒读书会为不同读者准备了各种书单，尽可能满足他们。一个人读书总是缺少动力，飞芒按照个人的阅读喜好分类，把志同道合之人聚在一起,大家一起阅读,分享阅读体会,很融洽,很开心。在飞芒读书会读书很有趣,读书会成立时间虽然不长,但已经举办了许多活动。世界读书日当天,飞芒读书会组织读者一起去中国图书网的库房淘书,这便是一个帮助读者寻书的游戏。在北京,读书会还为儿童读者准备了安徒生图书展,这对于培养孩子们的阅读习惯很有帮助。飞芒的读书活动不局限于某地,而是全国性的,例如,读书会为内蒙古的会员准备书单,采购图书。飞芒读书会最有特色的活动便是图书漂流,这是一个全国性的活动,活动参与者把读完的书附上阅读感受寄给下一个读者,然后这本书就像一个漂流瓶,在读者间漂来漂去,最终便成了天南海北大家共读一本书,用一本书把素不相识的人连接起来,成为好朋友。在飞芒我有幸看到了一些孩子在参加图书漂流活动过程中留下的印迹——一些信件和绘画。有一个孩子在信中表达了对读书的喜爱,图书的漂流为阅读增添了更多的乐趣。飞芒的最终目标是建立一个超级读书会,吸引更多的人参与到阅读中来。

## 寄希望出版业智能匹配的实现

对于出版的未来,万兴明有深刻的思考。他认为通过大数据的运用将能实现书与读者的对接,信息数据的运用能够把书店里的书与寻书的读者实现智能匹配。这种类似"今日头条"等新兴媒体的产品概念,可以通过深层次数据挖掘,实现更加人性化的推荐功能。并且通过学习型人工智能,这种图书推荐并不会制约读者认知面的拓展和知识的更替。这一功能对于解决国人的读书问题算是一大贡献,利用大数据在一定程度上可以解决选书的问题:某一题材有哪些好书?哪本书更适合我?这本书有哪些特点?作者的文笔如何?此外,对于书荒者,这也是一大利器,他们可以借此读到喜欢的书。对于程序算法能否适应读者阅读的成长性这一问题，万兴明认为在将来的某一时间是可以解决的。虽然读者在成长的过程中由于知识的不断积累，想要读的书也会不断变化，但是通过人工智能的模拟，这种"知识的推荐"依然有效。

在电子书是否会替代纸质书这个问题上，万兴明也有自己独特的看法。他认同媒介是新旧叠加而不是新旧替代的观点，有了广播并不代表报纸就没人看了，有了电视依然有人爱听广播，现在有了互联网，报纸、广播、电视依然是人类重要的媒介。随着科技的发展，将来一定会产生新的媒介，例如，现在火热的VR，三四年之后或许就会成为重要的传播媒介，但是VR出现后，人们依然会读纸质书。对于电子书发展中存在的问题，作为资深出版人的万兴明有自己的分析。他认为只有当电子书解决了版权管理和所有权问题，才能取得相比于纸质书的整体优势，他预测区块链技术或许就是解决这个问题的钥匙。没有实体形态的电子书可以被随意复制传播，几乎没有成本，这既是电子书之于纸质书的优势，也是电子书市场难以发展的根源。免费分享的电子书损害了作者的经济权益，维护版权造成巨大成本。因此电子书要想被市场认可，就必须降低版权维护的成本，并且使电子书成为有利可图的文化产品。而区块链技术自我记录交易过程的特点，可以使电子书在传播过程中被"链"住，使每一本电子书都具有独一无二的交易记录。也许在未来，电子书的分享不再叫作"复制"而只能叫作"赠送"或"借阅"，因为每一本电子书都有一条记录"所有权"的区块链。

万兴明的QQ签名是：给传统出版找一条互联网时代的生路。这条签名十几年未变，至今这条签名依然是他的梦想。用他的话说："我梦想更多的中国人喜欢上读书，到那时中国不只是物质上的繁荣，更是文化的复兴"。

飞芒读书会虽然成立时间尚短,发展、运行的路径和方式也仍未成熟。但从既已开展的活动来看,"形式灵活、精准服务、线上线下"是飞芒的立足点,也是目标所在。作为一家在互联网创业大潮中成长起来的读书会,信息化、智能化将成为飞芒腾飞的优势和凭借。

# 以经典阅读为定位"养人精神，儒以气质"

## ——专访《论语》读书会负责人吴理顺

### 丁彦清

孔子弟子三千，但是通过一本《论语》，先师孔子教诲了万千华夏子民，此次采访的《论语》读书会也算是其中之一了。2016年秋，笔者在北京见到《论语》读书会的吴理顺先生，吴先生娓娓道来，向笔者讲述了读书会运行至今的心得、经验和体会。

## 以《论语》等经典阅读为定位

丁彦清：《论语》是儒家的重要经典之一，记录了孔子的主要思想。你们以《论语》命名读书会有什么特殊的背景和原因吗？

吴理顺：我们成立读书会的背景是，有一批首都高校的大学生有读传统经典的需求，我们便在现有的大学生社团的基础上，成立了一个《论语》读书会。这个读书会一步一步地发展到今天这个样子。当初我们选择以《论语》命名读书会，因为它是"四书"里面的代表性著作。虽然随着之后的发展，我们也读过《大学》《中庸》《孟子》《老子》《庄子》《黄帝内经》等著作。但是，基于《论语》的重要地位，我们便以它来命名了。

读书会成立之初的宗旨和目的是希望通过年轻一代的大学生对传统文化和经典著作的激情影响更多的人。简而言之，我们希望这些大学生在了解中国传统文化之后，可以进一步影响他们的父母，他们的朋友，他们的后辈。《论语》读书会已经办了将近6年了，就在今天，读书会的第177场读书活动正在北京师范大学举行。成员们参加读书会的激情，对传统文化复兴的信心，是我们一直风雨无阻地举办读书会的动力。

丁彦清：《论语》读书会的成立可谓是天时、地利、人和，一是在国学复兴的大时期；二是位于首善之地；三是获得多方的支持，请介绍一下你们的发展历程。

吴理顺：2009年，我们开始着手创建读书会，此前我们的规模尚小，并没有正式的组织。在举办一两期读书活动后，反响甚好，因此一年多后我们决定在北京成立正式的读书会。此后，包括天津、河北在内的一些高校也陆陆续续开展了多次读书活动。《论语》读书会由最初简单的、不定期的，发展到定期在周六全天举办读书相关活动。

除首都高校轮流举办的读书会活动以外，我们已经办过超过10场的大型夏令营、冬令营，人数最多时，有400位左右的大学生同时参加为期1个月的读书夏令营。我们通过坚持不懈地举办优质活动获得了会员的广泛认同，这对读书会的持续发展壮大尤为重要。

现在，读书会建立了自己的基地，地点位于北京市房山区，进入了一个新的发展阶段。大家周末可以到基地读书，此外，我们会请一些海外的嘉宾和国内高校的教授在这里为大家做演讲，向社会免费公开。

## 面向高校学生，辐射全国读者

丁彦清：《论语》读书会发展至今，可以分享一些吸引会员坚持参加活动的经验吗？

吴理顺：《论语》读书会有一个发自内心的愿望，即请大家来共读共赏一本书，并从中汲取营养。我觉得这种真诚的愿望是吸引书友持续参加活动的主要原因。所有新来的成员，我们都会带领他们一句一句地读《论语》，甚至请老师来给他们详细地讲解，从学而第一到为政第二，最后是尧曰第二十。这些可以给他们带来内心深处的触动。

从组织经验上来讲，必须定位好读书会的群体。比如《论语》读书会，针对的是已经有一定文化素养的群体，他们要有足够的业余时间，并且对传统文化有足够的热情。此外，办读书会要明确读书会的宗旨和目的，办读书会的方式、方法要落实，例如，组织中哪些是带读的志愿者，志愿者要达到什么程度才能承担责任，这些都要有严格的标准。现在是一个信息爆炸的时代，大家的时间都碎片化了，因此办读书会很容易会走走停停，甚至半途而废。我的建议是一定要找到正确的宗旨和目的，然后针对适合的群体，用适合的方式方法办好读书会。同时，选择书籍也很重要，如果到读书会读一本普通的闲书，启发性不强的话，会员们可能来一次两次便不再来了。所以我认为，要从人性的角度出发，明白会员需要什么，想清楚这些是关键。

在一些具体的细节上，我们也是尽所能地优化会员们的体验。我们设立了理事会、监事会和不同级别的微信群，这些都是为了给会员们提供更好的服务。我们的微信群有预备会员群、普通会员群，还有各种兴趣群。只有参加了5次以上的读书会活动才能进会员群。每次有活动我们都会通过微信群和公众号来通知大家。

为了会员能够更好的阅读，我们会经常邀请一些学者来读书会做讲演。2016年9月6日，我们请了台湾中山大学哲学系的一位博士来讲座，他把欧美的哲学思想和哲学体系介绍了一遍，还讲解了中国的哲学特质。那次活动开展了2天，有200多名会员参加，大家都从中收获颇丰。

丁彦清：刚才讲到《论语》读书会的创建和发展历程，现已颇具规模了。读书会计划今后如何发展会员？是否有面向全国发展的意向？

吴理顺：现在读书会的正式会员大概有2000人，理事会、监事会成员加上经常参加活动的会员有一两百人。读书会会员的发展对象主要是在校大学生，但是并不局限于此，我们也接受有一定文化基础的社会人士。虽然我们的会员群体略显单一，但是影响的人群却很广泛。比如，我们虽然不主动发展初高中学生，但是如果他们对传统文化感兴趣，喜欢读书，他们也可以加入读书会。再比如，有些会员在读书会学到东西，然后影响到自己的孩子和身边的朋友，这些也算是文化传播的一种方式。我们希望通过读书的方式改变一个人，正如曾国藩所讲，"读书不独变人气质，且能养人精神，盖理义收摄放也"。本着这种理念，每一次读书会都使参与者感到无比充实、乐而忘忧。

目前，读书会活动的范围主要还是在北京，辐射整个京津冀地区。我们在天津有一个读书会分会，有举办活动的固定场地，在河北我们也有许多会员，尤其是在燕郊大学城一带。

虽然读书会主要的活动范围在京津冀地区，但影响范围却很广。例如，有5个在北京中医药大学读书的会员，毕业后离开北京，到了某个城市工作生活。他们便尝试在当地组织小型的读书会，读书会为他们提供支持。在我们举行夏令营、冬令营时，他们带着自己的读书会成员来北京交流学习。

北京的优势比较明显，全国很多高校都位于北京，我们理事会的成员、读书会的老同志也都生活在北京，所以读书会的整体活动落实起来游刃有余。但是在北京以外的地区，要想把读书会办好，其实有很多技术上的要求，比如怎么带读，怎么让大家参与进来以后感觉有所收获，这种内心的充盈感便会成为他们继续参加活动的动力。所以，我们要想在全国发展起来，需要先培养将来能够到各个地方播撒读书会种子的优秀人员。


丁彦清：我们知道资金来源是公益组织面临的一个重要问题。《论语》读书会作为一个公益组织，你们资金的来源有哪些渠道呢？这些渠道是出于什么原因来资助读书会的呢？

吴理顺：我们的资金来源渠道广泛，主要渠道是企业捐赠。读书会经常做一些社会公益项目，通过这种方式实现与社会的对接，因此有很多企业愿意给我们定向捐赠，因此读书会的经费一直比较充裕。这些捐赠企业中有知名的房地产企业、厨房设备企业等。

这些企业愿意资助读书会的一个重要原因是他们的领导都是喜爱传统文化的，而《论语》读书会和其他读书会不同，我们阅读的是有深度、有文化内涵的传统古籍，这一点可能也是一些主张弘扬传统文化的社会力量乐意资助的原因。

# 于古调吟诵中体味古籍经典的阅读旨趣

丁彦清:我本人也很想读一些传统文化的书籍,但是《论语》之类的著作都是文言文,在理解和阅读上会遇到一些困难,你们是如何解决读书会会员在理解和阅读经典古籍时遇到的问题呢?

吴理顺:这个问题有两个方式可以解决:第一,在举办读书会的时候,会员都会有一个小组,比如说你是北大的,他是清华的,然后我正好住在这两个学校附近,我们仨便可以组成一个小组,可以每天一起晨读。第二,会员如果能够持续参加读书会活动,我们可以赠送这本书完整的诵读录音,这样他平时多听多读便会其义自见。读书,读是一种方法,听也是一种方法。俗话说,"书读百遍其义自见",只要你多读多听就会懂的。

对于在文言文阅读上有些困难的会员,我会建议他先选择加入一个适合的团队。像我们《论语》读书会就是一个很好的团队,当你遇到不会的地方时大家会带你读过去。如果自己一个人读的话,可能在开始会遇到很多问题,而我们读书会可以带着大家吟诵,各种唐调、宋调,通过这种优美的腔调吟诵,大家的体悟、感觉是不一样的。真正的读书是需要平心静气的,这样才能把一本书读透彻。读古籍是快乐而享受的,并非很多人认为的艰涩乏味。另外,你一定要把地基打牢,这地基便是"经史子集"中的"经"。

丁彦清:刚才我们提到说,读书可以改变一个人的气质。读经典著作尤其如此。《论语》读书会给读者带来了哪些改变呢?

吴理顺:带来的改变非常多。我们的会员有些是做父母的,他们把

《论语》中学到的思想直接运用到孩子教育上，像是"仁义礼智信"之类传统价值观。这是普通教育没办法教授的，因为这些经典的智慧是蕴藏在价值观里面的，孩子们需要在父母的言传身教中去体会，一旦体会到，孩子们便会时时刻刻地用行动来践行这些传统文化的精髓。

读书会的会员们一旦毕业步入社会后，就会认识到读书会的那段时间是他们成长过程中重要的一部分，人生观、价值观的塑造都受到了读书会的直接影响。

丁彦清：近几年，我们可以清晰地感受到传统文化复兴的气息，国人越来越推崇汉文化、传统文化了，你对民族文化的复兴有什么看法？

吴理顺：作为中华儿女，我个人整体上是认同的。但从另一个层面来看，国人明显缺乏对传统文化的正确认知，对传统文化的了解不够深入。因为大多数人读的传统文化书籍太少了，所以很多人不论是积极提倡传统文化，还是批判传统文化，都走入了歧途。其实我们对自己文化的认知还只是停留在一知半解的水平，现在大家是说得太多，想得太多，但读的书太少，真正需要我们做的应该是静下心来，读一本自己喜欢的好书。

# 营造书香型校园，享受博学的青春

## ——专访中国劳动关系学院读书会负责人陈迪

张诗曼

中国劳动关系学院读书会与人民出版社读书会合作，在依托于读书会网络平台的同时，打造校园读书会优秀范例，积极开展读书交流活动，在读书活动等方面表现突出。笔者采访了中国劳动关系学院读书会学生负责人陈迪，听其介绍建立、运营学院读书会的经验。

## 结合"互联网+"模式，线上线下双重阅读

张诗曼：请问你在中国劳动关系学院读书会的职务是什么？

陈迪：我是读书会的学生负责人，主要负责读书会线上宣传活动，还有对外比赛交流的组织活动。另外，读书会除了我之外还有10名学生干事，大家一同肩负起读书会的责任。

张诗曼：中国劳动关系学院读书会建立的时间、契机是什么？

陈迪：我们劳动关系学院读书会以学院英文简写CULR为名，称为CULR读书会。读书会成立于2016年4月7日，由学院团委发起，与人民

出版社数字阅读部合作，联合党委组宣部、图书馆共同创办。

在读书会启动仪式上，人民出版社数字阅读部的专家也来到了学校，介绍了读书会网络平台，希望此次能够发挥读书会更大的作用，促进高校学生阅读，将读书文化和理念进一步传播给同学们。

张诗曼：CULR 读书会的活动精神是什么？是否制定章程准则？

陈迪：CULR 读书会旨在营造学院"爱读书、读好书、善读书"的阅读氛围，推动读书活动常态化。同时希望师生们能够充分认识读书的重要性，掌握正确的读书方法，把读书与做人结合起来，利用好学校与人民出版社联合建立的"互联网+"模式的读书会平台，推动读书活动常态化。

张诗曼："互联网+"的理念是如何与读书会对接的？

陈迪："互联网+"理念是图书馆提出的，和人民出版社达成了共识，利用线上阅读、线下交流的模式来激发学校爱读书的氛围。

这个模式是指人民出版社建立的读书会网络平台，我把它理解成一个书库，既有图书资源，也有读书心得体会。除此之外，我们学校自己也有一个平台，叫作"中国劳动关系学院读书会"。通过这个平台来推荐读书会，号召大家加入这个团体，由学校团委进行定期的读书活动，比如，推荐好书任何一种对大家有益的读书方式。

张诗曼：CULR 读书会除了学生干事们之外，是否有老师的参与？老师给予了什么样的帮助与支持？

陈迪：读书会的机构成员基本都是学生，但读书会从创立至今得到了学校的高度重视，校党委、图书馆、学生工作部等职能部门都为读书会的建立提供了巨大的帮助,比如说,在做宣传活动时,我们遇到一些不懂或不便利的地方,老师就会帮我们协调团委学生会的各个新媒体平台,为活动进行宣传,让更多的同学参与到活动中来。

## 活动类型多样,激发学生兴趣

张诗曼:请你介绍一下读书会组织过的一系列类型活动。

陈迪:我们举办了2016年中国劳动关系学院读书节系列活动,邀请社会知名人士到校举办讲座,分享读书经历。

学校设立了公选课,邀请不同专业、不同行业的专家、学者为大家讲课。例如,原国家海洋局国际合作处处长李占生先生,原国家新闻出版广电总局机关团委常委兼人民出版社数字阅读部副主任徐庆群老师,周恩来邓颖超研究中心顾问、武警指挥学院原副院长纪东少将,他们都曾来到了学校与同学们分享相关的专业故事与读书经历等。

我们还推动设立了校园户外读书装置,方便广大同学随时随地获得图书。

另外,读书会的活动是由我们和图书馆共同承办的,图书馆也举办了很多很有意思的活动,比如读书沙龙、图书漂流、评选读书之星等。

图书漂流就是在图书馆放一个展板,在展板上有各种同学们想要分享的图书的信息,有兴趣的同学可以去联系分享书籍的同学,借阅图书,既可以交友也可以阅读。

张诗曼:你作为一名学生是如何参与读书活动的?

陈迪:我选修了从4月1日开始连续举办的"社会与生活"系列专题,每周四的10场讲座让我在思想政治、法律、心理、经济、人文及国际关系等领域开拓了视野、增长了见识，并且对树立积极向上的人生观和价值观、积累经验、丰富大学生活起到了引导和启发的作用。同时作为在场的团委接待安排和拍照摄影人员，我也竭尽所能配合教务处的老师们做好每次讲座的考勤，认真记录老师的上课内容，会后按时按量将新闻稿和图片交给负责老师，并且利用机会和主讲人交流思想，认真学习，受益颇深。

张诗曼：之前提到了户外读书装置，听起来非常新鲜有意思，能否仔细介绍一下？

陈迪：这个户外读书装置从外观上来看像是金黄色的小圆亭子，同学们从书架上找到书后，先在蓝色借阅登记本上登记姓名、班级等，然后就可以借走书籍了。当然要记住爱护书籍，在规定时间内归还书籍等。如果同学们自己有一些很喜欢、读后收获很大的书籍，也可以拿到这个户外读书装置里，和大家一起分享。

张诗曼：读书会组织活动的密度如何？

陈迪：读书节等大型活动一年一次，小型活动如读书沙龙、图书漂流等一周一次。

张诗曼：参与进活动中的同学们有何反馈？

陈迪：大家表示经由读书会这个渠道，让思想的碰撞，能形成超越个人见解、启发心智的新东西。分享好书、拓展视野，以书会友、交流思想。

张诗曼：读书会如何挑选参与活动的书籍？偏好哪类书籍？

陈迪：读书会秉承开卷有益的原则，鼓励同学们广泛阅读各类书籍，同时鼓励大家积极地读史读经典。

张诗曼：你自己有怎样的阅读习惯呢？

陈迪：我平时喜欢利用碎片时间阅读，在寒假期间每天阅读时间在一两个小时。我比较喜欢历史类的书籍，因为最近很火的诗词大会，我现在也受到了感染，去阅读一些古诗词赏析的书。

## 坎坷越多，收获越多

张诗曼：作为学生担任读书会负责人，举办读书会活动遇到过什么样的困难与坎坷？是怎样克服的？

陈迪：创建初期，很多同学对于读书会十分陌生，我们需要投入精力宣传，让广大同学能够了解和参与进来。举办的活动中，很多同学会有些怯场，需要我们学生干部带头发言，起到带头作用。

后来参与人民出版社组织的一些比赛，如微书评大赛之类，有的时候同学们对比赛不太了解，参与的积极性没有那么高，我们就要鼓励组织同学们一起参加，让大家充分了解这个活动，从而积极踊跃参与。有些同学想要参与活动但是对参与的流程不太了解，比如，不知道怎么填写报名表，这些就需要读书会工作人员协调。在宣传上遇到问题时，就会积极联络学校各宣传平台，老师也会帮助我们解决问题。

我深深地体会到，实践与读书对于一个人视野的拓展和精神的升华有着巨大帮助，让我们不再局限于小小生活中的一隅，可以无拘无束地畅游古今中外，学识遍布四海，练就出广博的心胸与远大的理想和信念。

张诗曼：现在你有什么样的经验可以分享给其他大学刚刚成立的读书会吗？

陈迪：要积极利用线上阅读、线下交流的O2O模式，建立的"互联网+"模式的读书会平台，将读书活动作为一项活动长期坚持下去，营造"爱读书、读好书、善读书"的阅读氛围，推动读书活动常态化。

同时，我也认为当代大学生应该多读书、读好书，以史为鉴，像习总书记说的一样，让读书成为人们的一种生活方式。总之，大家一起为营造书香校园而努力吧。

后记：学生时代是读书的最好年华，大量的时间与旺盛的精力都为阅读提供了极大的便利，然而丰富多彩的网络世界及多种外在、内在原因，目前大学生阅读情况并不那么明朗乐观。此种情况下，由大学校园发起读书活动，成为激励大学生们参与阅读的很好方法，希望通过中国劳动关系学院读书会的经验介绍，能让广大的高校读书会吸取经验、总结教训，为营造书香校园，打造无悔青春一起努力。

# 爱让心灵前行，世界不再黑暗

## ——专访红丹丹视障文化服务中心读书会负责人张新莉、丽娜

张诗曼

北京市红丹丹视障文化服务中心作为公益专业助盲机构，倡导为视障群体创建融合性支持环境，秉承传播爱的理念，自2003年一路前行至今。2009年服务中心成立心目图书馆，旨在为盲人提供国际标准的Daisy有声书阅读服务，并成立读书会举办交流活动。

相较其他读书会，红丹丹视障文化服务中心的读书会显得尤为特殊，它不仅仅举办系列读书交流活动，更是一场扶助盲人朋友、传递交流爱的大型项目。心目图书馆是红丹丹读书会活动运行的核心，参与进来的有红丹丹工作人员、书籍录制工作者和盲人受众这3个群体，读书会囊括了志愿者招募、书籍录制与发放、线下交流反馈等活动。

笔者采访了服务中心负责人张新莉、盲人培训师丽娜老师，畅谈其与心目图书馆、红丹丹读书会有关的故事。

# 心目图书馆:借助有声书扩大盲人朋友阅读面

张诗曼:你是什么时候开始在红丹丹视障文化服务中心工作的?

丽娜:我在10年前,也就是2006年来到了这里,在老师的帮助下学习播音,然后在这儿工作了两年,因为一些变动曾在2008年离开。再次回到这里工作是2013年,到现在大概有4年时间了。

张诗曼:你工作的具体范围是什么? 在心目图书馆的运营中扮演了什么角色?

丽娜:我的工作分为3部分,第一部分是志愿者培训,第二部分是做一些项目的执行,第三部分是担任活动的主持人,大致是这3个方面。另外,我是录制红丹丹心目图书馆书籍志愿者的培训师,平时指导志愿者以求让他们读得更好。我还会去听一听录制成果,把控书籍的质量。

张诗曼:红丹丹视障文化服务中心参与了人民出版社举办的第一届读书交流活动,也在之前成立了心目读书馆,为盲人朋友提供有声书籍,这一切的动力是什么?

张新莉:红丹丹向盲人朋友们提供服务是以文化为载体来进行的,我们做有声书,也做电影等,靠这些活动来带动大家关注盲人群体。

做书是因为现在盲人学习的现况是被动的,你给什么他接受什么。我曾经和盲人朋友聊过,他们说他们更喜欢通过摸盲文来学习,因为听普通有声书是被动学习,摸盲文是主动接收信息,这是不一样的。而我们提供的大量的Daisy有声图书,让有声书从盲人的被动接受转变为主动选择,这样就不是我们给盲人带来什么,而是盲人能通过利用图书馆学到什么。

再一个是图书馆有它自己的使命。之前在社会上进行过调查，我们国家每年每个人平均读4本书，但是有的发达国家人均读书量是40本，与国际相比较我们的阅读量就非常少了。帮助盲人朋友接触到更多的书籍，是心目图书馆的使命。

张诗曼：红丹丹参与了人民出版社举办的第一届读书会活动，也创办了心目读书馆，你本身是阅读爱好者，同时也具体负责心目图书馆这份工作，能否谈谈你如何看待心目图书馆、阅读与盲人朋友的关系？

丽娜：阅读是我一直的习惯。传记、心理、自我管理，或者是一些散文、比较好的经典小说、文学作品我都比较感兴趣。我的本职工作也与读书有关，我在央广"读书之声"主持节目。

心目图书馆这个项目存在的意义非凡，首先它提供的书籍经过技术处理后可以呈现为一本真正图书的模样，盲人朋友在阅读时可以随意翻到任何一页，那么在学习时，就非常便利。

然后心目图书馆还有个性化定制的图书服务，对一些年轻的盲人朋友帮助很大，毕竟有一些书籍尤其是很必要的工具书或是小众书籍，往往想读这些书的人很迫切，但却找不到相对应的电子版或者有声版，而心目图书馆提供的这个服务就填补了这一空白。

心目图书馆对我的帮助也很大。有一段时间我在读中国传媒大学本科的课程，但学校并没有盲文版的教材。我的所有教材都是心目图书馆的志愿者去逐字朗读出来的，给予了我非常大的帮助。

其实我执行过许多的项目，比如说，现在我们正在做一个名为"盲人社会地图"的活动，许多盲人朋友和志愿者参与了活动。包括心目图书馆,这些项目都是为了让更多的社会服务机构了解到盲人朋友的需求,从而提供一些细致的服务,促进盲人朋友参与社会生活、促进社会融合等。

张诗曼:红丹丹已经成立了14年,心目图书馆运营了8年,您对它们未来的发展有何展望?

丽娜:最初,红丹丹是让我梦想起飞的地方,如果没有红丹丹的帮助,我不会有机会走进播音和语言艺术的大门,也不会成为一个主持人。对于我来说呢,现在能和红丹丹的同事们一起去为视障人士服务是在实现我的另外一个梦想,这个梦想也是大家共同的梦想——让视障人士的生活变得越来越好,让视障人士的生活越来越自由。我期待着有更多人的参与,期待梦想实现的那一天早日到来。

另外,我还比较关心视障群体年青一代的发展,比如盲人朋友的教育和就业问题。我希望盲人朋友能更广泛地去参与社会生活,而不仅是局限于一种或是某种生活模式。以后红丹丹也可能会去关注这样一个领域,让视障朋友的生活得到更深层次的改变,而我也会参与其中。

## 志愿者用声音提供阅读服务

张诗曼:心目图书馆的书籍是如何制作完成的?

张新莉:它从某种程度上与我们读的书没有两样,只是它是声音的,书籍的页数也是由声音来体现的。

志愿者录制声音,经过校对,确认与书别无二致,再经过一个读书软件来制作有声书。声音有标签,可以跳页,盲人朋友拿到手的是一本真正的书。我们是在2009年从日本学习了这个国际技术,还用到了来自瑞典的机器。

它有一个非常好的功能是用来做教材，编辑好后盲人朋友可以坐在教室里和同学们一起听老师的课，在老师的提示下，盲人朋友通过操作页面页数来翻书。

到目前，心目读书馆做有声翻页书已经多达700本了。红丹丹把这些书籍进一步供应到北京地区的盲人按摩院及全国100多所特教学院和盲校，我们通过网络把书无偿提供给他们。

张诗曼：心目图书馆的书籍录制志愿者是如何招募的？

张新莉：我们在"志愿北京"官网和"红丹丹"官网发布招募志愿者的消息，招募了一定数量的志愿者。然后凭借口口相传、相互介绍，很多志愿者也慕名而来。另外一部分就是学生群体，现在的学生都有社会服务实践，我们这边接收了大量的大学生和高中生来做志愿者。

张诗曼：志愿者们是如何接受培训然后参与书籍录制的？

张新莉：志愿者刚来的时候因为对红丹丹完全不了解，所以要先接受助盲基础讲座培训，然后进入读书志愿者培训，学习语音知识还有一些操作录音软件的技巧。

之后志愿者们录制读书小样，最后由丽娜老师进行小样筛选，通过筛选的志愿者们留下，开始校对工作。这是因为志愿者们毕竟不是播音专业，需要通过校对来体验一下读书究竟是怎样的，感受别人是怎样读书的，从中揣摩。最后录制书籍，大概一天读20页，志愿者们读一本200页的书，也只是花费10天的时间。

志愿者一直在源源不断地进入红丹丹，但志愿者数量是有要求的，红丹丹会设立一个门槛，因为毕竟是录制书籍，需要参考志愿者的声音条件。再者培训其实也是志愿者们自我淘汰的过程,有的人真的是静不下心读书,那他可能就不会再来了。所以也是双向选择,不光是我们选择志愿者,志愿者也选择我们。

志愿者读了一本书两本书后,他希望能读得更好,我们会提供能力提升的培训,包括退休人员不会用电脑,我们也会教他们。

现在光是读书这一部分,红丹丹就拥有500多名志愿者,包括退休人员、小孩、在校大学生、在职、全职妈妈这5类。

张诗曼:志愿者承担了相当一部分心目图书馆的书籍录制工作,也参与进了文化服务中心各种项目的运行,你想对他们说什么?

丽娜:志愿服务是一件非常好的事情,志愿者不光让受助者得到了帮助,在提供帮助的同时,也会得到很多宝贵经历。虽然会有艰难的时候,虽然会有不被人理解的时候,但最后得到的一定是非常美好的东西。

张诗曼:心目图书馆的书籍录制活动规律大概是怎样的?

张新莉:书籍录制是一直在进行的事情,除了周一休息的时间外,志愿者们每天都会来到录音室录制有声书。周二到周五是老年志愿者做校队,大多是一些退休人士。周六则是学生比较多,从大学生到小学生都有。

张诗曼:心目图书馆选书的标准是怎样的?

张新莉:我们会去做网络畅销小说、名著、教材,还有盲校委托我们做的书。通过去盲校交流,了解他们的需要来获得一份书目。另外,参照每年的畅销书排行榜,我们也会制作出一些新书,提供给盲校。

# 读书会在盲人朋友中反馈良好

张诗曼：将书籍提供给盲人朋友后，会得到类似于读书感想之类的反馈吗？

张新莉：会的。但是因为我们将书籍提供给全国范围内的盲校，我们与单个盲校单独面对面交流的机会比较少，因此就会派一些工作人员往下走访，收集反馈信息。不过大部分还是盲校的老师带领视障朋友读书，然后将读书反馈寄给我们，这些反馈我们会整理集结出版。

张诗曼：红丹丹读书会有什么特色和卖点？

张新莉：今年的读书会主要希望可以解决一些问题。比如，盲人朋友听书比较多但接触实际性工作不多，对读书会的工作非常好奇。志愿者也会有问题，比如，他们想要知道录制好的书会有多少人听。志愿者和盲人朋友之间好像有沟通障碍，这其中出现了一个断层。

今年的读书会想把他们聚集在一起交流，让盲人朋友谈一谈阅读书籍后的感想，志愿者们也可以分享一些录制工作中发生的趣事。

我们也会挑选一些相关题材，比如，战争题材、养老题材、医学题材等每一次都提出一个主题，把双方聚集在一起交流。

具体地说，我们会在微信平台或"话吧"上放上某本书，让大家自行阅读，固定在每周六下午举办读书交流会。每一期都有五六个盲人朋友来参加，回忆故事情节，说一说书里有什么需要大家学习的东西，也可以将书的内容扩展开来进行对话，使大家获得更多的感悟。

今年的读书会是按照这个方式来做，明年也是希望能以这样的方式来进行交流，如果没有这个载体，盲人朋友和志愿者没有机会坐在一起进行心灵的交流。


张诗曼：在读书交流活动中有什么令您印象深刻的事吗？

张新莉：太多了，这些都是我们坚持下去的动力。盲人朋友很鼓励我们，有时候我们会询问书籍的质量，但是他们会说有这样一个平台能让他们来接触书籍就已经很好了，因为他们在别的地方得不到这些书。

年轻的志愿者最小的志愿者是从小学一二年级起就和爸爸妈妈一起来做书，最大已经83岁了。比如，有一位83岁的志愿者，老人家没有拄拐杖和助听器，但是拥有非常健康的心态和积极帮助他人的爱心，他每年至少做9本书。


张诗曼：您想对志愿者及同样从事于服务盲人群体的同行们说些什么？

张新莉：对于志愿者们，想说帮助别人就是帮助自己。视觉对于认知世界的干扰是非常大的，很多东西不是眼睛能看到的，盲人通过心灵来认知世界，这是全方位的体验和感受，也许会比我们认知得要深入得多，我们也从盲人朋友身上汲取力量。

对于同行们，要以提升市场定位的独立性、扩展性还有加强自身学习性为主。一起努力，更多的关注盲人群体吧。


后记：在红丹丹视障文化服务中心采访过后，笔者感受到了红丹丹工作人员为视障人士提供文化服务的坚定信念。世界多姿多彩，失明对于许多人是不敢想象的事情，而盲人群体却不得不停留在黑暗的世界里。失明给他们的学习、交友等造成了各种不便，但正如丽娜老师一般，许多盲人朋友在接受了红丹丹的帮助后，人生变得更加丰富多彩。

书籍的力量是无穷的，爱心的力量也是无穷的，当这两者结合在一起时，足以改变无数人的一生。志愿者们从此踏上公益扶助的道路，他们的心因热爱与善良而更加火热，盲人朋友从此得以借助书籍的力量来提升自己，体验更加多彩、精彩的人生。

# 在音乐中享受阅读

## ——专访外交之声读书会负责人瞿正清

王 娜

外交之声是在北京创办的以报道、传播境外驻华机构、使馆新闻的新兴媒体。2016年5月,外交之声延伸业务,创办了外交之声读书会。该读书会以书为介质,促进中外交流,因此读书会交流推广阅读的大多都是外国的经典名著,这也成了外交之声读书会的特色。迄今为止,成功举办了数次有影响力的活动,其中引人注目、影响力广的是以音乐朗诵会的形式"阅读"图书。笔者就读书会的特点和独特的活动形式等问题,采访了外交之声读书会负责人瞿正清先生。

### 音乐朗诵中"阅读"图书

2016年是诺贝尔文学奖得主、波兰作家亨利克·显克维奇诞辰170周年、逝世100周年。11月9日,显克维奇的史诗巨著《火与剑》中文有声书新闻发布暨朗诵会在波兰使馆举行,外交之声读书会独家联合波兰使馆文化处共同举办的"驻华使馆招募声音骑士演绎史诗巨著——有胆放马过来"活动拉开序幕。经过6000多名读者参与并投票选出的5位中国朗诵爱好者,走进波兰使馆,演绎波兰史诗巨著声音盛宴。

瞿正清介绍说,本次活动以音乐朗诵会的形式呈现,请来了波兰著名的音乐演奏家演奏与文章主题契合的背景音乐,由中国朗诵者伴着或激昂、或悲切的音乐朗诵文中的经典片段。

由于本次活动是外交之声与波兰使馆合作举办,所以对朗读者的挑选相对慎重。首先提前在外交之声微信公众平台上发布本次活动的信息,感兴趣的读者在后台回复,说出对波兰的印象、观看或参与这次观众互动演出的理由。想报名此次朗诵者的读者则需要发送朗诵语音,再从中挑选,最后从6000多名报名的读者中抽取5人。

参加或观看过本次音乐朗诵会的读者们都深有感触,这种新颖的读书朗诵活动吸引了他们,在原版波兰民族音乐背景下,让人更深入地体会经典文学名著的魅力。每个人对声音的理解、把握都不一样,更能通过朗诵的形式表达自己对著作的理解。参与到这次活动当中的人们,有的喜爱阅读,有的喜爱朗诵,这种新颖的形式将两种形式结合起来,在波兰音乐家的演奏当中,升华阅读体验。

瞿正清介绍说,读书会今后还会开创更多的形式,除了音乐朗诵会外,还会尝试音乐剧、话剧、童话剧等形式。比如,外交之声读书会正在策划准备的安徒生童话题材,可以通过声音、表演的形式表现出来。在表演中可以拉近家长和孩子之间的关系,更能通过这种有意思的方式让孩子们爱上阅读。

## 搭建中外文化交流的桥梁

现如今越来越多的中国人对国外文化或信息产生需求,他们或是本身对国外文化感兴趣,为其所吸引,或是有出国留学或出境游玩的意向。无论是哪种情况,国人都对外国的文化、风俗有了解的欲望。能满足这种文化需求,可以看国外的电影、搜索国外的相关信息。当然,阅读国外名著也不失为一种很好的形式。不仅能够满足自己对国外文化的需求,在阅读国外作家的著作时更能潜移默化地提升自己的素养。

外交之声是一座促进中外交流的桥。外交之声新媒体平时会发布一些国外的时政新闻,也推送一些留学信息。而外交之声读书会则是以书作为介质,让爱好外国文学的人们在一起交流、分享读后感。

外交之声读书会没有特定的成员,而是基于外交之声新媒体的受众。外交之声读书会平时的互动就是在微信群中,在群里的都算是在外交之声读书会的成员。互动方式就是每天由一个人分享最近阅读的国外名著,将自己的读书感想在群中与他人分享。每到外国著名作家的诞辰或者逝世日时,群中会分享这位作家著作中的经典句子。在这里,没有年龄和身份的限制,上至七八十岁,下至初高中生,都是这个读书会中的一份子。语言是不分国界的,名著也是不分国界的。外交之声读书会立志做一个公益读书会,通过网络提供给大家一个阅读的平台。

对于公益这个概念,瞿正清有自己的看法。外交之声读书会目前为止没有拉赞助,没有任何的商业成分。瞿正清表示,"读书会始终是人类追求心灵家园的组织,它应该单纯是为读书而生的,就像我们只是以书为介质来达到中外文化交流的目的。我们举办活动都会从读书会当中挑选志愿者,自发组织。如果你读书会办得够好,够有特色,一切都不是问题,不能成为把读书会变成商业活动"。

## 利用核心资源和新颖活动打造核心特色

读书会是一种可以拓展视野、宏观思维、知识交流、提升生活的活动。在思维运转中成长,亦是成长思维的动能;在彼此交流中精进,亦是思想交流的平台。读书会是为学习知识、交流思想而组织起来的社团。

瞿正清认为,读书会应有自己的特点。外交之声读书会,互相交流阅读的大都是外国的经典名著。由于这种特定的书目限制,对国外文学作品感兴趣的人自会加入,读书会的目标不是吸引到多少人,而是给那些喜欢国外文学的人们的灵魂一个栖居之所。

"读书会应各有千秋,给那些爱好读书的人们更多的选择。现在可供我们阅读的图书越来越多,每个人都会有自己最感兴趣的内容,如果可以找到一个与其他人交流心得的平台,将会激发读书的热情,这也是我们正在做的。"瞿正清如此说道。

外交之声读书会成立时间虽然不长,但是有特点、有想法,活动也举办的非常新颖。喜欢外国著作或对国外文化感兴趣的读者不妨加入其中,将来还有更多有特色的活动等着你。

# "纸上得来终觉浅，绝知此事要躬行"

## ——专访漫行读书会负责人房旭

王　娜

随着全民阅读的开展和走向深入，爱阅读、善阅读的人越来越多。"多读书，读好书"也早已成为耳熟能详的口号。但是，有多少人想过，读书的意义是什么？深入脑海和灵魂里的内容又有哪些？怎样才算是真正的读书？为此，我们采访到了漫行读书会的负责人房旭，去了解他们对于读书的不同的看法。

王娜：读书会为什么取名为漫行？有什么意义？

房旭：我对"漫"和"行"都有不一样的理解。首先，我先解释一下"行"。每个人在世界上，从出生到死亡，无论生活、工作都是在行走的过程当中，这就是"行"。还有一个意义就是出行，含义分为两部分：一部分是人的走、出游、旅行这叫"行"，还有一部分就是思维的出行。比如，看一些文化典籍，四书五经之类的，思维就会穿越行走在古代，所以在阅读一些古代文化典籍的时候，会感觉身处当时那个时代、那个场景一样。跟着古人的视角，看到他看到的、感受到的，这种感觉真的非常好。

现在的生活节奏比较快,大家都像上了劲的发条,每天都在紧张地忙碌着,学习、生活、工作都很紧张。当你忙碌一天,晚上回家终于能够闲下来的时候,偶尔会感觉今天似乎一无所获。现在人们需要一种慢的生活,只有慢下来才能去细细体味身边的美好,心灵得到放松,而这种放松也许阅读所能带给我们。

"漫"这个字还会给人一种漫延的感觉。这种漫就像把水"哗"地倒在桌面上,它会不规则地往四处慢慢地流淌,不会有固定的渠道引着它。"漫"象征一种没有目的性的阅读或者学习,是一种很随意的感觉,不拘泥于形式,只遵从内心的声音。

王娜:办漫行读书会的初衷是什么?

房旭:当时想一群喜爱读书的人聚集起来,大家互相交流自己的思想,从而达到一种更好的阅读效果,也让人们能在喧嚣的生活中找到一个安静的灵魂栖息之所。我认为读书会最大的意义就在于共同学习某种东西,而并不是说一定要聚集在一起去读什么书。重要的并不是介质,而是一起读书的过程。

其实,书是智慧和灵魂的结晶。作者可能亲身经历过什么刻骨铭心的事情,想把这种心情记录下来跟人们分享;可能想记录下来某种精妙的手艺;可能在岁月流逝之中有精彩的对人生的感悟;可能想通过文字来记录一生等。

我也很喜欢读书,但不喜欢读死书。由于条件的限制,现在很多人对于读书只流于形式。就像现有些读书会那样,组织者可能会定期拿出一本最近销量比较高的书统一阅读,读书会更趋近于图书发布会、推介会,变成一种宣传活动。那么读书的意义何在呢?现在无论是响应国家号召也好,自发也好,越来越多的人提倡多读书。多读书,读好书,为什么呢? 是为了通过读书提高自己的思想境界、文化素养。把读书当作是一种形式,只注重数量,不在乎读完后真正吸收了多少的这种行为,我不赞同。

好书也需要好的展现方式,我小时候曾经读过一篇文章——《景泰蓝的制作》,是教育家叶圣陶先生的作品。当时读的时候感觉很晦涩,看不懂。当时读到"掐丝、点蓝"这些术语,只知道是专业名词,但是不了解到底是如何操作的,如果就这么继续读下去就像囫囵吞枣。所以我们现在做的就是把书形象化,让每个人都能读懂、消化、吸纳字句中传达的内容。

王娜:如何做到把读书形象化?

房旭:就像前不久,我们做了一个活动,跟西城区第一图书馆的读书会一起合办了一次陶艺活动。活动之前有一个讲座,把陶艺的知识还有文化历史内容通过 PPT 展示出来,展示之后会有一个现场拉坯的展示,告诉大家什么是陶,什么是瓷,陶是怎么做出来的,是用什么东西做出来的。整个过程下来很直观,这种过程就类似于形象化的读书的方式。

读书就是一种解读,不只是从书本上学习,在任何场合学到一种新的知识或者技术都是学习。读书不应该流于形式,应该做到挖掘内在的东西。如果只是从书本上获取东西,在实际中应用起来会很困难。所以我认为,读书是真真正正把知识消化、融入自己的思想体系当中。比如制陶,所有的知识和技巧都是相通的,移花接木,触类旁通。这也就是我上面所说到的"漫"的概念,就是没有目的性的学习,也可以收获到新的知识。

王娜:读书会的核心和特色是什么?

房旭:务实。以书法为例,我们知道书法字体分为行书、草书、隶书、篆书、楷书等;书写工具为笔、墨、纸、砚;毛笔分为硬毫、软毫、兼毫;书法四大家是欧阳询、颜真卿、柳公权和赵孟頫。但是,了解这些之后仍然不知道怎么去写。东晋女书法家卫夫人给王羲之讲书法:"点如高空坠石,横如千里阵云,竖如万岁枯藤。"把这几句话付诸实践,真正自己动手去操作,书法或许能有所进展。

不要把读书当成一种负担,可以当作生活中的一种调味品。不是说拿着一本书就叫读,出门旅游,领略当地的风土人情,也算读书。你可以去国子监孔庙读国学,去故宫读建筑,去天坛读古代祭祀礼仪,这都是读书。书,其实只学习的一个类别。

我希望把读书会的每一次活动都做精,不求多。现在越来越多的人都觉得心灵鸡汤这类的东西太虚,甚至戏称其为"毒鸡汤"。我们在想办法把读书落到实处。早在春秋时期,孔子曾提出过"学以致用"的观点,意思就是用所学习到的东西去解决实际问题,付诸实践。读书会创办了一年多,不是每个月都有活动,我们是有想法了就会举办活动,不想模式化,找到读书会的灵魂所在,用兴趣来牵引大家。

比如,有成员对陶艺十分好奇,我们就会举办陶瓷实践讲授活动。有成员对古代历史、古迹、文化感兴趣的,我们会一起对丝绸之路进行研究。以丝绸之路为例,我们会对丝绸之路里有特色和历史底蕴的每一个站点、每一个风情小镇的历史进行研究。


王娜:漫行读书会的活动大多与传统文化有关,您认为传统文化对我们现在生活有什么影响?

房旭：读史使人明智，读诗使人灵透，数学使人精细，物理使人深沉，伦理使人庄重，逻辑修辞使人善辩。虽然现在社会不停地在进步，但是根本上的东西是不变的。传统文化能留传下来肯定有它的道理，说明它仍然在指引我们的思想。

王娜：读书会成员的大概构成是什么样的？大家对读书会的活动有什么反馈？

房旭：读书会的成员，多半是上班族和学生。我们不只是通过读书一起互动，平时也会一起运动、喝茶、聊天。我们读书会举办活动时都会有主题内容，大多是成员们在日常中讨论交流的内容，我们会一起去"读"它。上次我们举办的是书法活动，主题是王羲之的《兰亭集序》，比如，文中提到的永和九年的一次聚会，我们会探讨聚会的人都有谁、当时发生了什么、对后世有什么影响等。古代人很多的行为都是有意义的、有趣味的，成员们对这种研究形式很有兴趣，投入热情也很高。

当然，我们在策划某个活动主题之前，都会确定这个主题是否能够引发大家的共鸣，这一点很重要，有共鸣才有参与的兴趣。

# 专属于大学生的"可视听"读书会

## ——专访品读读书会发起人刘杨

张　丹

　　"品读"——品味与阅读，品读读书会扎根于山西，服务大学生群体，吸收各大高校喜爱阅读的大学生，创建符合互联网思维方式的新型运行模式，制作的音视频节目广泛传播，又在此之上创建了青年读书创业联盟，为大学生的毕业求职和创业提供服务。

　　2017年春，笔者在北京见到品读读书会发起人刘杨先生，刘先生娓娓道来，向笔者讲述了读书会运行至今的历程、心得与经验。

### 先有"品读"再有"读创"

　　张丹：请问读书会的成立时间是什么时候？成立的背景和初衷是什么？

　　刘杨：品读读书会是在2016年6月成立的，同年9月成立了读创联盟。品读读书会与读创联盟的创立是顺势而为。我们的核心团队从10年前开始与电台联合开办节目"校园大联盟"，报道校园新闻，服务广大师生。在这个过程中，我们越来越清楚地看到学生群体、毕业生群体及广大的青年创业者们对阅读的渴求，对分享知识的渴望，对指导创业等诸多方面的需求。因此，我们决定创立读书会。

创立之初，我们首先和太原音乐广播及山西各所高校的校园读书会、读书小组、广播站建立了联系。并且在后续的活动中，陆续得到了中国移动、中信出版社、方舟文化出版社等机构及本地一些企业的大力支持。

在读书会创立初期，我们遇到的困难多半还是资金的缺乏及大家对读书会的误解——人们都以为我们是跟风做一个小圈子或社交网络，却不愿意相信我们是严肃、认真地想要分享知识。

张丹：品读读书会与读创联盟有什么关系？

刘杨：所谓"铁打的大学，流水的大学生"，很多高校大学生毕业以后仍想参与到读书会当中来，但是处于创业期，所以我们为这一类在创业方面有一定需求的毕业生提供了一个新的读书平台——青年读书创业联盟。

品读读书会与读创联盟存在着一定的顺承关系，很多高校大学生在读期间加入了品读读书会，毕业后如果希望继续参与其中，可以直接进入读创联盟，读创联盟会给成员提供一些创业类、财经类、管理类的书目，还涉及心理、职业生涯规划等方面知识。

## 大学生"专属"

张丹：读书会举办过哪些活动？

刘杨：目前，品读读书会与读创联盟运行情况良好，举办了不少专场活动。

品读读书会曾举办走进校园的系列活动,其中一期主题是经典阅读,主要对《论语》进行研读与探讨。读创联盟针对大学生创业人群及求职人群做过一个专场,邀请心理咨询师雷明来为大家讲解相关知识,大学生们也在现场进行一些求职经验的分享。

同时,我们也和更多的团体对接,并准备邀约一些企业来协助举办几场针对毕业学生的"职场指南"活动,双向的推荐。

张丹:您印象最深的一次活动是什么?

刘杨:去年曾与中国移动合作举办过一场活动,邀请了前外交部部长李肇星来讲解当今国际局势,中国移动邀请了自己的贵宾用户,读书会也为各大高校的学生们预留了200个名额,结果报名人数多达到600人,多方协调后,更换了较大的场地。首先,对于此次活动的学生参与热情之高是出乎预料的,本来我认为一些上了年纪的人或者是已经工作的人会对前外交部部长李肇星的讲话感兴趣,没有想到会有这么多的年轻人愿意参与其中;其次,我觉得新一代青年人真的是心怀天下,他们对于国际局势乃至国家大事都是非常关心的。

张丹:读书会有多少成员?如何审核新成员?

刘杨:品读读书会目前的成员大多来自本地的20多所高校,每所高校的学生会或者广播站均有我们的成员。读创联盟如今拥有60名核心成员,除毕业生外,还有很多社会上的创业团体加入其中,比如,howareyou创意餐厅、大爽烧烤等。

我们审核新成员的方式是面谈,大家坐下来聊一聊,谈一谈自己的读书理念。由于我们面对的是各大高校的学生,不同的学生来自不同的专业,我们不能要求理科生与文科生的阅读量相当,所以,只要他有读书的愿望，我们都会认真考虑。

张丹：读书会阅读的书籍种类及书籍来源渠道是什么？

刘杨：品读读书会阅读的书籍侧重于文学类、哲学类、社科类等；读创联盟阅读的书籍侧重于创业类、财经类、管理类等。

读书会成员们使用的书籍主要来源于两部分，一部分是商业赞助；另一部分是与合作出版社的捐赠，比如，中信出版社会定期捐赠一部分书籍，足以用来奖励发放给会员，给他们一个正面的激励。

## "能听能看"

张丹：您认为品读读书会或读创联盟最大的创新之举是什么？

刘杨：我们做了一些符合互联网思维的尝试，制作了一些音频节目并打算制作一些视频节目，将平面式的读书会变得更加立体、饱满，且便于传播与推广。

现在读书会创办的主流方向有两种，一种是做"线上"，这种读书会通过公众号或者其他方式定期发表文章，成员们进行"打卡签到"；另一种则是进行"线下"交流，定期将成员们聚集起来并进行面对面的沟通与交流。而我们读书会的活动方式是以"线下"为主，通过面对面交流让每个人发表看法，再将成果制作成音频、视频等可以在互联网传播的节目，用互联网、新媒体的方式把读书经验传播开来。

我们会把成员们请到录音间，将成员们参与读书会后的读书心得或者是想要分享的内容用音频的方式记录下来，并将其包装、制作成一个完整的音频节目。此类音频节目在各大高校的广播站、喜马拉雅、荔枝FM等App平台上播出。

我们曾做过一期系列音频节目,让大学生给家人读一封信。中国人普遍都是比较内敛与含蓄的,相比于直接的"我爱你",读一封信的形式会更容易让对方接受。这期系列音频节目不能说在互联网上引起了轰动,但也确实取得了一定的反响。很多大学生表示愿意参与我们的活动,他们的家人收到"有声音"的信也很开心。

张丹:做这些音频节目的初衷是什么?

刘杨:做音频节目为的是更符合当下的阅读习惯和生活习惯,手机在人们生活中扮演着越来越重要的角色,占用着越来越多的时间,与其去争论该不该这么频繁使用手机,不如因势利导,顺势而为。

如果能使用更多的手段去给读书会成员一个展现和交流的平台,那为什么不做呢?而我们所做的工作是定好主题,然后邀约一些读书分享的稿件,经过筛选,邀请一些成员去电台的录音间里录制成品。期间电台和录音间的老师给了我们大量的支援,这一点,我们非常感激。

## "为往圣继绝学"

张丹:为什么没有为读书会做过多的宣传?

刘杨:在宣传方面,我们更多靠的是"口口相传"。首先,读书会成员人数较多,暂时没有必要去做一些微信公众号或者其他形式的推广;其次,我们合作的一些高校的学生也会将读书会的情况发布到微信公众号上,这也会对读书会起到一定的宣传效果。我认为读书会是一个社交平台,可以在这里与书为友,与人交谈,相比于宣传,我们更愿意把精力放在章程制定与内部结构规划上。希望成员们能通过阅读获得真知灼见,带动更多的人阅读,不做表面功夫。

张丹:您觉得当今读书会遇到的问题是什么？

刘杨:目前问题是方向问题,接下来往哪儿走是关键。以前,每个读书会都是个体,在运营过程中会经常遇到困难,如今,读书会渐渐的成为一个行业,这个行业将提供一些行业规范与行业指南。比如,这次我参加的全国读书会第5期培训会,这个培训会将许多读书会集中起来,解决读书会的疑惑,给予支持,让许多问题迎刃而解。

张丹:您在读书会中的收获是什么？

刘杨:在这条路上,我们遇到了很多志趣相投的大朋友和小朋友,大家交流着读书心得,成为志同道合的朋友,虽然只是刚刚认识,却有着很多深层次的共鸣。据说还有很多参与活动的学生,结识了自己的意中人,有的小伙伴找到了自己的职业方向,甚至是商业合伙人,这些意外收获特别有趣。我祝他们百年好合,祝他们学以致用,祝他们能够齐心协力改变这个世界。

张丹:关于读书会的长期发展,您有哪些设想和期待？

刘杨:我们接下来会将读书会的传播方式变得更加多样化。读书会让我看到了青年人的需求,我们期望影响与帮助更多人,大儒张载对广大知识分子提出过一个最高理想——"为天地立心,为生民立命,为往圣继绝学,为万世开太平",一直在激励着后人去为读书事业做贡献。

读书会中,我的同事们承担了更多的具体的事务,也正是他们怀揣理想地撸起袖子干,才有了读书会的顺利创办和平稳运行。依靠他们的努力付出,我们获得了"全国读书会第5期培训会优秀成员"的称号,这是对这个团体的肯定。

# 在阅读中推进中国文化"走出去"

## ——专访书香国青读书会发起人孙杰

### 白梓含

2017年3月26日,人民出版社联盟(筹)第5期训练班举办的最后一天,书香国青读书会发起人孙杰作为"优秀学员"上台发言。她在发言中说,希望中国文化能够传播到世界,中国和世界也能更深层次地交流。

## 核心特征:跨文化、国际化的读书会

白梓含:"书香国青"有什么寓意?

孙杰:"书香"指阅读,"国青"指"国际青年",包括中外青年,成员来自中国、美国、俄罗斯等20多个国家,是一个跨文化、国际化的读书会。

白梓含:读书会的指导思想是什么?

孙杰:读书会致力于促进中外青年跨文化交流,提高中国学生的外语水平,提高外国学生的汉语水平。

白梓含：读书会是何时成立的？成立的背景与初衷是什么？

孙杰：读书会是在2016年6月成立的。我和另外一位老师共同发起。

2016年4月，由人民出版社发起的人民出版社全国读书会联盟筹委会在北京成立。从倡导"全民阅读"开始，到现在推动成立读书会，说明了"全民阅读"的重要性。在这样的背景下，我们成立了书香国青读书会。

初衷是为了宣传中国文化需要我们的实际行动。其实，读书就算是宣传中国文化的一个平台和窗口。中国文化宣传什么？只是孔子、孟子那些古先贤吗？还是说编个中国结，写写书法就算是中国文化？我认为不完全是这样。我们想通过读书会的平台，一是更好地宣传中国当代文化；二是通过多种形式传播中国文化。读书会就是一种很好的形式，可以更好地在民间层面上促进中国文化的传播。

白梓含：目前的规模是什么样的？有多少成员？成员的选择标准是怎样的？

孙杰：目前成员有300多人，除此之外，还有6名指导教师。

我们一般选择大学三年级以上、拥有两年以上汉语学习经历的外籍学生。但是对于热情、认真的汉语水平稍差的外籍学生，我们也允许其加入读书会。这些学生一般都会准备得非常认真，记了一页又一页的笔记，还请他们的中国朋友帮忙翻译、指导。参加读书会的中国青年，主要以在校大学生为主。

读书会有一个微信群，采用的形式，推荐人必须熟识被推荐人，也是保证人，这样能保证群内的良好秩序。

白梓含：在此次活动中，读书会获得了"优秀学员"的荣誉，您认为读书会脱颖而出的原因是什么？

孙杰：读书会很多，但是有特色的很少，很多都是雷同的。书香国青读书会能够脱颖而出，就是因为有特色。

第一个特色是国际化。成员的国际化、语言的国际化。

第二个特色是活动形式的创新多样。与传统读书会不同的是，我们不仅有固定场所，还常常"走出去"，把读书、旅游结合在一起。

## 以良好的组织纪律性保障"室内+室外"的运行模式

白梓含：成立近一年，书香国青从少有人知到如今小有知名度，经历了哪些过程？

孙杰：开始时，读书会成员不是很多，每次十几个人，都是借人家的场地，在很小的咖啡厅举办活动。

中间阶段，比较大的餐厅、茶餐厅主动找我们，免费为我们提供场地，都是至少能坐100人的比较大的场地。他们还和我们建立了长期合作，固定的几个日子就免费提供给我们。我们结束后会有自愿式会餐，他们也为我们的成员打8.8折。

后来，读书会活动越来越频繁，几乎每周一次，来参与的人也越来越多，很多大学教师也主动参与进来。我们曾和一家民营读书会合作，共同举办了一场诗歌朗诵会，邀请了电视台、电视台的主持人、商界的文学爱好者。当晚，这场诗歌朗诵会在黑龙江电视台《新闻夜航》节目播出，读书会成员接受了采访，获得了好评。人民出版社读书会培训的高坚老师讲课时曾说"很多中国的学生都没有学过专业的朗诵"，但是很高兴我们的学到了。

白梓含：除了在室内场所开展阅读活动外，书香国青有没有针对国际青年的新活动？

孙杰：我们有传统的固定场所的读书会，也有"户外国青"，带着学生一边旅游一边阅读，也有不限制场所的活动，如换书活动。

固定场所的读书会有读书、观影、朗诵、专题讨论等形式。读书、观影是提前通过微信群发布通知，公布需要提前阅读或欣赏的书籍、电影。读书会、观影会开展时，成员们一起讨论、朗诵书中或电影中的内容，主要是采用汉语交流。

专题讨论会是讨论社会热点或是青年人关心的问题，主要用汉语和一门外语（英语或俄语）。讨论会现场需要有同声传译人员，实现中英或中俄双向推送。这对主持人要求很高，他们至少要精通3门语言，即汉语、英语、俄语。

户外国青是针对国际青年的创造性运行模式，一个学期会有一两次。指导老师带领学生阅读、旅行，进行跨文化交流。因为经费问题，目前限于黑龙江省内。上学期的一次活动中，我们去了中国最北部的漠河，"领着学生去找北"，一起看极光，报名、参加的学生也非常踊跃。

这次加入了人民出版社的读书会联盟，认识了来自全国各地的读书会兄弟单位，可以找机会带领成员出省，在全国范围内旅行。很多国际学院的学生大二了，还没来过北京。如果能带他们来北京，参加人民出版社举行一些活动，这样既能促进读书会的国际化，也能带学生了解北京，增长见识。

白梓含:经费来源是怎样的?

孙杰:我们读书会隶属于黑龙江大学的国际青年联合会,这个是学校的社团组织,有一定经费支持。在联合会里,成员发动组织学生的力量,组织一些公益活动,拉一些赞助,指导老师也会在社会上拉一些赞助。

白梓含:总结来看,读书会有没有一些可供分享的经验?

孙杰:谈不上是经验,比我们运行的好的读书会有很多,不敢班门弄斧,但我可以谈谈一些想法。

一个读书会要想做成功,一是需要很好的团队支撑。我们就有自己的团队,每次活动除了组织者、主持人、技术指导外,还有专业记者的采访、拍照,之后还会有微信公众平台的编辑写作和推送活动新闻。

二是读书会注重质量,而不是数量。读书观影会、专题讨论会规定人数为中国学生15人、外国学生15人,在微信后台自愿报名。像这种传统读书、交流性质的活动,人员必须限制,要有组织纪律性,这样才有利于交流和讨论的深入。而像朗诵会这样的诵读活动,并不会限制人数。

三是要认识到宣传的重要性,充分发挥媒体的作用。这么多场读书会,媒体不可能次次都报道。上次和民间的读书会合作的专场朗诵会给了我很大启发。通过媒体的宣传,可以提高读书会的影响力,引起社会各界的关注。扩大影响力不是为了赚钱,是为了更好地把读书会推出去,帮助成员就业。

白梓含:读书会发展过程中有没有什么困难?如何解决?

孙杰:我们遇到的第一个困难是选书。成员对书的理解程度是不同的。记得有一次读《活着》，一个外国学生看完后说，这本书里的人都死了。他看不到牛还活着的这个细节，也不懂牛活着代表希望。当时外国学生都很难过，气氛很悲伤。

后来我们再选书，就考虑书的内容、年代、难易度是否能让成员接受。我们邀请外国学生推荐他们觉得好的汉语书籍，让中外学生一起参与选书的环节。指导老师再从他们选的书中，结合内容、年代、难易度等条件进行筛选。

第二个困难是参与度低。每次活动是读书和观影相结合的形式，我们要求一个星期看一本书，看一部电影。这对于外国学生来讲，可能任务量比较大，因为毕竟他们也要学习，时间可能不够用，可能缺席。

所以我们也在想办法进行改革，初步设想是把读书和电影分开，分为前后半场。读书的前半场是讨论，后半场从书中选择自己喜欢的片段诵读，这样能更深入地理解内容，也能提高外国学生的汉语水平。电影的前半场也是讨论，后半场采取配音的形式，这样互动性更强，外国学生都比较喜欢这种形式，参与度会更高。

## 发展规划：带动省内高校、利用社会资源、谋求更宽广的平台

白梓含：读书会下一步的发展思路是什么？

孙杰：我想把读书会研究申报课题，做一个中外社会文化组织交流对策研究，以读书会为载体，促进和国内外读书组织的交流合作。也利用汉语国际教育的优势，将汉语推出国门，将读书会推向世界，将"全民阅读"发展为"全世界汉语阅读"。

我们成立了黑龙江读书联盟,首先的设想是,把黑龙江省的各个有外国留学生的高校联合起来,建立合作。其次,加入人民出版社联盟委员会,启发委员会中的其他高校读书会成员,吸收外国青年,促进汉语书籍、中国文化的传播。

之后,我们也可以依托孔子学院,带动国外的各个高校及社会人士。目前,由黑龙江大学和远东联邦大学共建的俄罗斯第一所孔子学院"俄罗斯远东联邦大学孔子学院"已经建立了,通过孔子学院和读书会这个汉语传播平台,我们把中国传统文化传播出去。

白梓含:您是怎样看待读书会发展前景的?

孙杰:读书会是引领中国人了解世界的平台,也是印刷业、出版业、教育的平台,把这些行业沟通、串联起来,读书会也许会成为全中国最大的社会组织。

# 昌平读书汇——好书好人生

王天天　　刘越越


东汉许慎《说文解字》中有所释："会，合也；汇，器也。"昌平读书汇未用表示集合之意的"会"字，而选用表示盛器之意的"汇"字，以此知之，昌平读书汇不仅是书友们读书、交流、活动的沙龙，更像一间房屋，广纳着不同身份、不同地位的诸位爱书人，也正应了其口号——"好书好人生"。

昌平读书汇创办于2013年10月，由昌平区文化委员会主办，席立娜主持并负责工作，是昌平区图书馆、昌平区博物馆、昌平区文化馆、昌平区新闻中心等共同承办的专家访谈式的公益大讲堂，主会场设在昌平区图书馆。自创办以来，每月1~3期，读书会已举办51期活动，得到了广大书友的一致好评。

## 创办初衷与文化关怀

喜欢读书、写作和结交朋友，在如今这个信息爆炸的时代，越来越少的人有机会、有时间静下心来细细品读一本书。她常常想：如果我能组织此类读书活动，让怡人的书香抚平浮躁的心，让隽永的书香飘溢，是多么有益！读书会带给席立娜的，不仅是工作能力的提升，更是提供了一个机会——做自己喜欢的事，做正确的事，对个人甚至社会都有着正面的影响，称之为"大确幸"也不为过。生而为人，不能停止过对自身潜力的发掘和对生存意义的探索，席立娜在热爱的工作中找到了适合自己的位置，赋予了生命独具意义的生存价值。

　　昌平读书汇的举办对参加者和举办者来说是"双赢"，受邀嘉宾有作家、相声演员、歌手、戏曲艺术家等，每个人都带着自己的作品或值得推荐的作品，借由读书汇的平台分享读书心得，结合自身所在专业领域讲述人生经历、展示个人才华，既宣传了自己的作品，又提升了知名度。另外，昌平读书汇地区性强，很多嘉宾是昌平人，对昌平有着很深的感情，怀着对昌平民俗文化的热爱，怀着一种家乡情怀。比如，《人民铁道报》的主任兼记者冯宏来先生，十分肯定读书会的意义，并表示"这个创意很好，又是在我的家乡举办。我认为读书应该成为的常态，无论做什么工作，读书都是人生的第一要务"。老人家几句朴实的话深深撼动着书友们的心。在读书汇活动现场，80多岁的著名歌唱家李光羲连唱多首经典老歌，一首《祝酒歌》带着歌友们回忆往昔的难忘岁月；著名相声表演艺术家孟凡贵老师，表演了作品《馋人说吃》，并且拿出了事先准备好的肉馅、油、干黄酱、面条等材料，一边讲解细节，一边现场教授炸酱秘诀，志愿者和部分书友则上台帮忙煮面，活动末尾嘉宾和书友一起品尝"劳动果实"，其乐融融；年近80岁的冯宏来老师，通过朋友了解到公益性读书会在自己的家乡昌平举办，克服身体的不适，专程从现居住地西单赶至昌平，带着作品《南口风云》《百首竹枝咏昌平》等在昌平读书汇分享，怀着迫切的心情向昌平的广大书友讲述自己儿时关于抗战的记忆，让更多的人知道昌平一座平淡无奇的无名山坡上埋葬了曾经为民族独立、国家独立献出生命的战士,在提升民族自豪感的同时,也激发了书友们的爱国之心。

## 以丰富的活动形式和内容吸引群众关注与阅读

举办第1期读书会时,席立娜到附近公园唱了一首歌,借机向在公园活动的老年人宣传读书会,昌平读书汇起初以"公益文化讲座"为主,前几期读书会多是中老年参与者,反响极好。随着昌平区文化委员会资金的投入,加之不断扩大宣传力度、不断积累承办经验,活动也越来越丰富。采访期间,笔者观看了几期活动视频:五六岁的小书友和主持人席立娜合唱歌曲《老鼠爱大米》;4组男女搭配的老年书友穿着讲究,仪态端庄,声情并茂地朗诵昌平本土农民"诗人"原创的诗歌;身着中山装的青年书友和主持人席立娜一起准备开场内容,朗读《梅花档案》章节;书友们自发组织、编排现代舞蹈……许许多多看似平凡的人在昌平读书汇的舞台上尽情施展自己鲜为人知的才艺,不论身份如何,职业如何,只要有展示的意愿,读书汇都会依照各期主题尽量安排,比如3月份的"三八妇女节",会邀请女性嘉宾做宣传;4月的"世界读书日",会相应安排书友分享可读性强的纯文学作品;5月17日"世界收藏日",主题就是收藏和理财;6月、7月、8月是以爱国主义为核心;9月的教师节,10月的国庆,11月到年底就是一些比较轻松的主题,都会以各种形式给书友展示的机会。在网络交流成为常态,信息传播速度如此之快的今天,人们之间的交流,尤其是现实生活中的交流是在逐渐缺失的,网络语言很难表达出真正的情绪,也会造成许多误解和不理解,而在读书会的现场,书友们会看到自己曾经只能在电视、网络上看到的"名人"像朋友一样亲切地交谈,并且还是分享,这种面对面的交流在现代社会是很有意义的。

昌平区的发展日新月异，而昌平读书汇的创办推动了民俗文化的普及，更多热爱北京的人有机会了解北京，用读书会的形式增强人与人之间的联系，营造昌平地区的独特文化氛围。

## 逐步形成自身特色和固定受众

经过4年多的磨炼与积累，昌平读书汇逐步形成自身特色。第一，相较其他讲座形式的读书会，主持人席立娜起着纽带、桥梁作用，积极调动人脉，整合现有资源，依靠自身的学养、独到的创意、精心的准备，增强了嘉宾与书友之间的交互性。第二，昌平读书汇的形式偏向访谈类节目，可操控性强，趣味性强，力求为读者营造轻松、愉快的文化氛围。第三，读书汇的前期准备工作十分充分，工作人员配合默契，活动形式多种多样，安排朗诵、相声、唱歌、美食鉴赏等丰富的艺术活动。第四，主持人席立娜与书友保持着密切的联系，通过电话、微信等方式互动，深入发掘书友们的特长，比如诗歌创作、歌曲演唱、舞台表演等，并结合各期读书汇的主题，安排有相应特长的书友们进行活动，既充实了读书汇的节目内容，又给了书友们展示自身才艺的机会。第五，读书汇拥有良好的宣传渠道，通过《昌平》、昌平电视台、昌平广播电台、昌平圈微信、北京昌平官方微博，甚至路边的LED屏幕等渠道，借助昌平各类媒体，来宣传读书汇。第六，在宣传和推广昌平读书汇时，合理、充分地与官方媒体合作，比如地方电视、广播、新闻中心网等，传统纸媒和网络新媒体相互补充加强书友与嘉宾的交流。第七，昌平读书汇为公益性活动，不收取任何费用，利于调动群众参与活动的积极性，实现文化传播的最优化。

在嘉宾的选择上，因为最初仅依靠发起人席立娜找投资、拉赞助，资金并不充足，对有一定人生阅历且乐于分享的作家是不设门槛的。随着昌平读书汇的知名度和群众参与度的提高,昌平区文化委员会开始投入资金,对嘉宾的定位逐渐向权威、资深方向发展,要求能够向社会传递正能量,为书友们提供更为丰富的阅读内容、阅读活动。参加读书汇的书友大部分来自昌平,其中有大学生、公务员、小店老板、全职父母、热衷写作的人等,也有来自河北、天津、山东、河南等地的书友,他们不远千里慕名而来,看到书友们排除万难、不辞辛苦来到读书汇。席立娜深受感动的同时,也在想如何让人们更便捷地参与其中,"既然大家无法过来,那我们就过去。"这句话很快得到实现——昌平读书汇深入农村,举办了几期家门口的读书汇,得到了当地的大力支持,当地书友们也纷纷积极参与,各种身份的人们都拥有享受文化阅读活动的权利,昌平相关文化部门也积极努力解决、平衡这些问题。

## 寄望未来:倾听书友心声,提升阅读品位

谈及昌平读书汇未来的发展,席立娜表示,一路走来,最开始为完成工作而做提案,如今在昌平读书汇的舞台上收获了许多故事,收获了忠实的书友群。以后会不断完善前期准备工作,不断提高阅读品位,不断提升主持能力,与书友保持密切联系,倾听书友的心声,丰富读书汇活动形式,充实读书汇活动内容,竭诚为满足书友的精神文化需求服务。同时,随着昌平读书汇知名度提高,书友们对读书汇的期待越来越大,下一步将完善活动场地、活动设备、基础设施,是提升读书汇的物质条件。另外,现今的人员组成比较单一,且稳定性不高,许多工作人员身兼数职,志愿者也是不定期参与,希望将来能拥有一个团队来共同做这件事。席立娜表示自己会不遗余力,不断提高自身的知识储备,结识不同领域的朋友,即使看似单枪匹马,也要争取越办越好。

# 在双语阅读中提升学生综合语言能力

## ——记 LinkUp 英文读书会

刘越越

LinkUp 英文读书会是一家外语类读书会,由北京财贸职业学校的英语老师徐庆颖创办。她认为学习英语不能只局限在课本上,阅读外文图书也同样是一件举足轻重的事情,由此便在 2015 年 11 月创办了 LinkUp 英文读书会。

LinkUp 英文读书会面向的是所有人,每一个人都可以参与其中,但目前的主要成员是北京财贸职业学校基础教育学院的学生。

在英语词组中,LinkUp 的意思是"连接,结合,合并",取名为此,意在把所有的事物连接到一起,由于这些学生属于"2+3+2"(2 年高中+3 年大学+2 年升本)的教学性质,LinkUp 意在把这些教学都结合在一起,现在所学的内容可以帮助学生考过大学里的英语四、六级,甚至雅思、托福等。

双语是 LinkUp 英文读书会的一大特点,即学生所读的书都是英汉双语的,如果书里没有译文,老师会推荐较好的译本让他们对照着去读。因为这里绝大多数的同学英语基础都不是很好,如果只是读全英的书会有些困难,也会在一定程度上降低同学们的积极性。

LinkUp英文读书会目前的模式是线上线下共同运营,线上主要依托微信公众号平台,平时会推送一些小文章或是经典阅读等,一方面可以达到线上学习的效果;另一方面也可以方便其他的英文学习者。只要有网络,就可以随时随地打开公众号,阅读、学习。微信公众号初创办时是由徐庆颖老师运营的,后来又有其他两位老师加入运营,现在正逐步移交给学生去管理。这也是读书会的目的之一:培养学生动手实践的能力。公众号平均每周推送两次,内容不限,可以是路上的见闻,可以是新闻头条,当然也可以分享一些经典的书目。公众号上所有的内容也是双语的,都是同学们创作的。虽然做得可能不完美,也可能会出错,"但正是这些错误才让他们不断进步,越做越好",徐庆颖老师如是说。

线下的教学是从2016年3月开始的。刚开始实行的是会员制,组织学校里的学生报名,各班的英语老师推荐宣传这个读书会,大约有90名学生报名。徐庆颖就着手组织了几次活动,起初的地点是选在学校的咖啡厅或者空闲教室,大概两周一次,主要是以推荐图书的形式,在特定时间找两位老师包括外教进行导读,每位老师推荐一本书并介绍大概内容、背景、能学到哪些知识。当然这些书都在学生的理解能力之内,像《爱丽丝梦游仙境》《双城记》《鲁滨孙漂流记》等这些世界经典文学。

导读时间大概为40分钟,然后大家提问,这次的导读就结束了。同学们在两本书中选择一本去读,能力强的则可以选择两本,下一次活动时大家会分组进行讨论,交流读后感,展示自己的读书笔记,或者对其中的某个篇章进行表演、朗诵。这样不仅加深了对文章本身的理解,还锻炼了口语交际能力,也使整个读书会充满笑声。

发展到现在,LinkUp英文读书会已形成自己的固定模式,也有了固定的主讲人。时间安排在每周一、周四的下午,形式还是以推荐图书为主,线上公众号为辅,不过主讲人变成了固定的几位老师。徐庆颖老师说,这样是为了工作得更严谨,固定的老师能清楚地了解学生读书的进程,也方便对英文读书会做专题研究。

笔者去采访徐庆颖老师的时候,恰好赶上读书会组织活动,当时主讲人正在导读狄更斯的《大卫·科波菲尔》。老师按照书本上的章节做了精美的PPT,在导读前带领同学们看了一段相关视频,梳理了整本书的线索和故事梗概。同学们看得非常认真,并在观看后对整本书的内容进行了猜测,故事会朝着怎样的方向发展,会出现哪些人物,从同学们踊跃的发言中可以看出他们对这本书的好奇心。既然引起了好奇心,他们就会在课下认真阅读来满足自己的好奇心。而且,主讲人在导读时全程使用双语,通常是先说一遍英语,如果同学们不太理解,再用中文解释,在互动中锻炼了大家的听力和口语交际能力。

推荐图书时,在电子书和纸质书之间,LinkUp英文读书会选择了纸质书。虽然徐庆颖老师对电子书给予了很大的肯定,比如方便、快捷,但电子书仍代替不了纸质书。因为在阅读纸质书时,人们可以随时写下自己的想法,记录阅读的状态,甚至可以一遍、两遍、三遍地去读、去理解。LinkUp英文读书会会让大家多做笔记,有时会对优秀的笔记进行展示。

对于读书会的发展,徐庆颖老师表示下一步将与通州图书馆或其他读书会合作,争取把LinkUp英文读书会宣传出去,为更多喜欢英文的人提供机会。从全国读书联盟的培训班上,她认识了不少像她一样的读书会代表,大家互相交流,分享经验。聚集爱读书的人,一起去寻找书中的"颜如玉""黄金屋"。

# 从绿色阅读到绿色行动

## ——记西城区第一图书馆绿色阅读沙龙

### 刘越越

西城区第一图书馆绿色阅读沙龙刚开始是由本区民众和图书馆的工作人员自发组织的小型读书活动,后来参加的人越来越多,规模越来越大,图书馆在了解情况后给予了很大支持,逐步将读书会培育成一个以绿色环保为理念的公益组织,取名"绿色阅读沙龙"。

绿色阅读沙龙于2014年12月创办,至今已有13年,主要面向西城区的广大民众,总参与人次已逾10万,旨在多阅读,多体验,多互动。

绿色阅读沙龙最大的特色就是其理念——绿色环保。众所周知,空气污染、黄沙漫天、雾霾迟迟不散等环境问题已严重影响我们的生存环境和身体健康,而公众是推动环境保护事业向前发展的社会基本力量,没有公众层面的广泛参与,环境保护的目标是不可能实现的。而绿色阅读沙龙读书会早在十几年前就清楚地认识到了环保的重要性,并以此为理念,数十年如一日的坚持到现在,也成为越来越多人喜欢的读书会。

沙龙并不是一味地让大家坐在阅览室里去读关于环保的书,而是举办各种各样关于环保的活动,让大家切身体会环保的必要性。2016年6

月,绿色阅读沙龙带领读者去参观了石景山的一个垃圾处理厂,那里也是一个环境教育基地。大家观察了垃圾焚烧的整个过程,学习了垃圾分类的必要性及垃圾减量循环利用等。经济的快速发展在给人们提供前所未有的物质文明和精神享受的同时,也给自然环境造成了巨大的破坏,而我们制造的每一份垃圾都可能造成二次污染,让环境保护面临更多的问题和挑战。这次活动让大家感受了书上的内容,亲身体验了绿色阅读生活,感受了环境保护的必要性,成功做到了从绿色阅读到绿色行动。

2016年9月,读书会举办了"书香换花香,绿意传爱意"主题活动,意在用闲置的书换取绿色盆栽。读书会准备了300盆绿色植物,3本书籍可换取一盆植物,而这些换取过来的书籍经过分类整理后,通过图书馆绿色科普驿站捐献给共青团西城区委员会、西城区志愿者联合会,用于公益环保志愿活动。

据绿色阅读沙龙负责人张志强介绍,该活动分为两天举行,每天准备150盆盆栽。读者们的积极性超出了预料,在活动的第一天早上,西城区第一图书馆外就排起了长长的队伍,每个人都带着一些图书,不到中午150盆盆栽就已被兑换完。此次活动,读书会共收到了1000多本闲置图书。在读书会感叹读者如此积极的同时,不少来参加活动的民众还在追问什么时候还会有这样的活动。一盆盆栽,在将爱心公益与绿色环保相结合时,也将低碳环保的理念传入每个人心中,传入每个家庭。

除了绿色环保活动外,绿色阅读沙龙也会穿插一些其他方面的内容,像传统文化、公益讲座等,例如和西城区环保局、漫行读书会等机构合作举办的陶瓷制作活动。制作陶瓷的原料是黏土,黏土具有韧性,常温遇水可塑,微干可雕,全干可磨;烧至700℃度可成陶器,能装水,烧至

1230℃则瓷化，可完全不吸水且耐高温、耐腐蚀。

本次活动请来了手工陶瓷艺术大师，讲解陶瓷的发展历程，传承工匠精神。手把手教学，让沙龙的朋友们制作属于自己的陶瓷作品，而这些作品在成型后都可以带回去留作纪念。很多来参加的读者都是第一次近距离接触这项传统文化，"以前都是在电视上看到陶瓷制作，还纳闷泥巴有什么好玩的，自己动手去做了才发现确实有趣"。有些人不小心弄得身上都是泥巴，却仍玩的不亦乐乎，他们已经被传统文化的魅力深深折服。

那么，没能够来参加现场活动的读者们怎么办呢？据介绍，每一次的讲座都有专业人士拍摄记录整个过程，绿色阅读沙龙会通过公众号及西城区第一图书馆的官方网站让大家观看，即使不能来到现场，也能学习同样的知识，分享活动的快乐。有时公众号也会推出比较有意思的小活动，比如环保类的竞赛答题，大家可以在相应页面答题，然后分享给朋友或是发到朋友圈。这些小游戏总能使公众号的阅读量超出平常，也一致获得好评。

定期讲座则是绿色阅读沙龙固定的读书活动，一般是每周六的上午在西城区第一图书馆的二层举行。有讲座时，读者们从各个地方赶过来，聆听绿色讲座，感受绿色生活。讲座的主题主要是生态文明，大到空气污染，小到家庭用水浪费，而这些与每个人都息息相关，大家也都能参与进去。让每个读者都能感受到自己也是环保的一部分，也能为保护环境出一份力。

在讲座的最后，主讲人会推荐与本次讲座相关的图书，因为图书馆里的书数量较多，所以每次推荐的书都在10本以上，大家自行选择。就在我们采访之前的一次讲座，推荐了有一本与自然协存、敬畏自然、保护环境的科普图书,主要内容是人们没有保护环境的意识而造成的灾害,旨在劝诫人们与自然和谐相处。而后期读者对这些推荐书也会进行反馈,可能是在下一次户外活动时,抑或是在下一次的讲座上,大家可以发表对书的看法、对自己的影响、有哪些感受等,同样,发表读后感也能让没有读过这本书的人有一些了解。这样不仅大大提高了大家的阅读积极性,还让他们有了更深刻的见解。

当然,绿色阅读沙龙发展到现在也不是只靠读书会自身的努力,合作是至关重要的一步。绿色阅读沙龙至今已与大大小小上百家的单位进行过合作,包括企事业单位、报社、政府机关等。2016年的里约奥运会颇受关注,绿色阅读沙龙和人民出版社合作举办了"我的奥运情缘"主题讲座。在合作的过程中,西城区第一图书馆不仅把自己的特色传播出去,也吸取了多方面的经验。

中瑞可持续发展信息中心是北京市西城区第一图书馆与瑞典LIFE国际生态基金会的合作项目,定期开展有关生态环保与可持续发展方面的主题展览、环保知识培训、课题研究等特色活动。自2004年创办至今已有13年。在10周年的时候,西城区第一图书馆出版了《践行环保理念 共建绿色未来》这样一本书,记录中心10年来的点滴历程:从无到有,从小到大,从当初的几十人规模发展到现在的上百人、上千人,这其中的每一步都不是那么容易。

绿色阅读沙龙在刚创办时遇到的困难数不胜数,人们当时的环保意识不高是主要困难之一,即使来听讲座的环保主义者也觉得内容乏味无趣,也没有专业的讲课人员,内容单一,频频面临发展的难题。后来经过图书馆的申请,得到了政府的支持、宣传,在不断地实践中摸索出了自己的道路:读者不爱听,就把讲座多样化,让大家多交流;没有经验,就与其他公司合办活动、展览，努力吸取经验，一步步查漏补缺，慢慢发展。当然提高大家的环保意识也不是一蹴而就的事情，绿色阅读沙龙想了很多办法：去社区宣传环保的好处、发放宣传手册、教居民动手做净水器等，逐步培养大家的环保意识。

当今，环境问题已经成为影响人类生存与发展的一项重要问题。森林滥伐、水土流失、地球变暖、臭氧层空洞及各种各样的污染，时时刻刻威胁着人类的生存环境。十几年来，绿色阅读沙龙已举办无数次的活动，带领一批又一批的读者关注环保，探讨产生环境污染的根本原因，激发个人的责任感和身体力行的智慧火花。

由人民出版社牵头、推动的"全国读书会联盟"的出现，更让我们认识到国家对读书会的重视。在这个平台上，绿色阅读沙龙认识了更多的其他读书会，同时也在这里分享交流了经验。绿色阅读沙龙会积极响应国家的号召，参与到打造书香社会的过程中，环保理念伴随沙龙的发展已经有十余年，而这个理念也会继续保持下去：坚持读书，坚持绿色。

# 以阅读为基础推进青少年素质教育

## ——专访西城区青少年儿童图书馆馆员高华丽

崔雪英

出了地铁新街口站,走不远,再转个弯,就能看见那栋白色与绿色相间的老建筑——西城区青少年儿童图书馆。自1998年5月30日正式向社会开放以来,西城区青少年儿童图书馆不断突破传统模式,寻求变化,变坐等读者上门为广泛吸引读者开展特色活动,在青少年儿童素质教育方面取得了一定的成绩。

高华丽女士是西城区青少年儿童图书馆的馆员,她在这里工作已有19年,见证了图书馆一步步的建设与发展。2017年春天,在西城区青少年儿童图书馆,高华丽女士向笔者讲述了其中的点滴。

### 独辟蹊径,以绘本装饰童年

崔雪英:西城区青少年儿童图书馆的经费要比别的图书馆多,对于图书馆建设方面有什么优势呢?

高华丽:在北京市来讲,各个区的区图书馆、公共图书馆,只能购置有限的少儿图书。但是西城区青少年儿童图书馆每年67.5%的经费都用于购买青少年儿童图书,所以我们在购书的时候就少了很多限制,相较于其他图书馆而言,我们可以购置大量孩子们喜欢的图书,而不仅仅局限于购买教育方面的图书。

崔雪英:图书在更新速度方面怎么样呢?

高华丽:我们的图书更新速度非常快,尤其是绘本,更新得会更快。前段时间有一个非常流行的动画片叫《海底小纵队》,动画片刚播出的时候就已经有很多家长带着孩子来咨询了。我们采编部门了解到信息之后会立即去市场上购买。一般情况下,像这种非常热门的图书我们规定15天之内必须下到馆藏,可以让读者立即借阅。因为孩子们都非常单纯,他们都觉得图书馆一定什么都有,如果借不到的话他们就会很失望的,所以在图书更新速度方面我们是很严格的。

崔雪英:在购书的选择方面与刚建馆的时候有什么不同吗?

高华丽:前期我们购置了很多的小说,但是家长普遍反馈都不好。所以我们在购置图书方面就渐渐偏重低幼,主要是0~8岁这个年龄段。相较于其他图书馆来说,我们在购书方面更偏重于购置绘本,尤其是无字绘本占的比例非常大。比如《霸王龙》系列、《花格子大象艾玛》系列、《小北极熊》系列、翻译过来的日本作家的绘本《娜莎的红毛衣》系列,我们这里都能找到。而且现在很多家长都非常重视英文教育,所以我们除了购买一些中文绘本外,还会特别购买一些英文原版的绘本。馆里的负责人也请了英语老师,每个月一次给小朋友们做英语绘本讲读。

## 以借阅方式促进图书流动、引起和阅读兴趣

崔雪英：我了解到刚开始建馆的时候图书是不允许借阅的，现在有什么变化吗？

高华丽：开馆初期由于馆内只有5000册图书，所以只能阅览不能外借。但是随着购书经费的不断增加，目前馆藏图书有43万余册，期刊300余种，还有很多丰富的电子文献资源。所以现在不仅允许借阅，借期也很长。一般公共图书馆借期是3周，还有的是2周，但是我们的借期是4周，然后还可以续借一次，续借可来馆办理，也可电话续借。所以借期总共是8周。很多家长住得特别远，包括住在大兴、昌平、顺义的都跑到我们这里来借书。

崔雪英：读书卡的办理会有限制吗？

高华丽：建馆初期的时候读书卡的办理是有限制的，18岁以下才可以办卡，因为毕竟是针对青少年儿童的图书馆。但是后来就有家长向馆长反映，希望能够取消这个限制，所以现在任何人都可以办卡，但是只能办一次，一次可以借10本。我印象最深的是有一次有一家子开车一起来，最多的时候借了50本。

## 内外兼修，软硬实力齐发展

崔雪英：西城区青少年儿童图书馆是目前北京市规模最大、设施设备较先进的图书馆。您可以简单介绍一下这里的环境吗？

高华丽：我们图书馆占地2800平方米，馆舍面积6548平方米，地下1层，地上4层，环境还是比较优雅、舒适的，设有中央空调和电动扶梯，

馆内设有借阅合一的综合阅览室、儿童阅览室、报刊阅览室、电子阅览室、音像视听室、培训教室、多功能报告厅、大小电影厅、数字电影厅等10多个开放厅室。

崔雪英：环境与建馆初期有什么变化吗？

高华丽：硬件方面基本上没有什么大的变化，不过前段时间为了方便读者找书，又添置了一些检索机。有时候也会有一些老人拿着书单过来借书，老人也用不好那些检索机器，工作人员就会帮着把书找好。以前刚建馆的时候，书大部分都是外界捐赠的，种类特别繁杂，现在为了方便读者，每周固定一个时间段里把书顺架，希望读者在找书的时候能够更方便。

## 针对性、持续性、趣味性地创办阅读活动

崔雪英：目前举办的活动与初期举办的活动有什么不同？

高华丽：刚凯撒的时候，工作人员都没有什么经验，什么都不太懂，举办活动没有详细计划，就是突然想起一个活动就立即做了。比如说，初期的时候组织过不同的宣传小组去周边的幼儿园和学校做宣传，也和教委合作组织过一些面向中小学生的活动。后期也经常和一些出版社进行合作，基本上都是我们免费提供场地，出版社找一些原创作者、新闻媒体等来场馆进行活动。

首先，现在举办活动，我们首先会注重活动的深度，因为毕竟是图书馆，我们希望小朋友们能够在图书馆真正学到点儿知识，而不是每天来听听故事就走了。比如说，前段时间在图书馆低幼活动室举办的一个"纸戏剧"活动，共有20位小朋友和家长参加。活动开始后，我们就和小

读者、家长一起进入了《不要随便跟陌生人走》的故事情节中。首先，邀请所有的爸爸上台来扮演坏人的角色，用糖和玩具引诱小朋友上当，再让妈妈们扮演收水电费的阿姨，骗取小朋友的信任。这时候就会有老师问孩子们你们应该怎么办？孩子们就会说，"拨打110""找警察叔叔"等。随后音乐声响起了《我不上你的当》的歌曲，孩子和家长就会一起跟着老师唱起来、跳起来。音乐停止时老师就会问："如果强行把你抱走该怎么办？"孩子们就不说话了，因为他们没有经历过这些事情。后来我们老师就请一位爸爸和一位妈妈表演这个情节，扮演宝宝的这个妈妈大声喊："救命，他是坏人，不是我的爸爸。"还没演完的时候观众席上就有一个孩子哭了，因为这些孩子太小了，他们还不能分清楚演戏和现实。不过后来活动结束的时候，很多家长都说自己天天在家都对孩子进行安全教育，但是孩子都没有办法理解，他们不知道自己要是被坏人抓走了意味着什么，但是通过今天的活动，孩子们才真正知道了危险，也知道了遇到这种突发情况该如何应对。

其次，现在举办活动的话会更注意持续性。比如我们最近几年一直在坚持的一个创编绘本的活动。这个活动并不是一两个小时就可以结束的，需要一个漫长的过程。所以每次举办活动时老师都会教小朋友们先创编一页绘本，下一次上课的时候再教小朋友们创编第二页，慢慢地，小朋友的作品就能编成一本册子了。到目前为止，已经有七八个小朋友坚持每周都来参加这个活动了。

最后，我们现在办活动的时候，很重视年龄段的划分，尽量把同一个年龄段的孩子聚集到一起做活动。以前策划活动的时候参加活动的孩子们年龄悬殊，老师给年龄较小的小朋友说故事，年龄大一点儿的小朋友就会不耐烦，很难做到两者的平衡，现在基本上不会发生这样的情况。

就拿4月2日、3日来说，4月2日有一个专门针对年龄段在6~10岁的孩子观影品读会，4月3号是针对2~4岁孩子的"我们的节日——清明节故事会"的活动、"革命先烈在我心"知识答卷活动，年龄段基本上划分得很清楚了。

## 不忘初心，在服务读者的路上继续前行

崔雪英：建馆快20年了，读者对咱们图书馆的反馈意见有过什么变化吗？

高华丽：以前刚建馆的时候，如果在网站上发布一个活动，可能也就只有三四个家长带着小朋友来。但是现在如果在网站上发布一个活动，基本上10分钟左右名额就已经满了，现在家长和孩子们的积极性普遍提高了很多。另外，家长对图书馆的认识也发生了很大的转变，以前经常会有家长问我们这里卖不卖书之类的问题，现在基本上就很少了。也有很多读者在举办活动的时候学到了一些手工知识，就会回家亲手做一个礼物，然后特地给馆里的老师送过来，老师收到的时候都会特别感动。

崔雪英：有印象特别深的读者吗？

高华丽：这些年图书馆一直和新街口社区一起举办残障人士读书会的活动，这个活动差不多持续10年了。这些残障人群的年龄集中在26~38岁，但是智力水平一般都在10岁左右。他们平时都会在新街口的一个温馨家园里活动，现在每周我们都会邀请他们来馆内活动。有一次我们专门从外面聘请了一个营养学老师来讲课。在课堂上老师就会告诉大家哪些东西吃了会对身体好，哪些东西是不可以混在一起吃的。活动结束后，很多人就一直围着老师，都很着急地问老师，大约就是我妈妈每天

的食谱是这样的,你觉得她这样吃好不好? 或者就会问,我妈妈身体这个地方会不舒服,你觉得她应该怎样吃比较好? 虽然他们看起来可能和正常人不太一样,但是心里面真的非常善良,非常爱家人。

崔雪英:今年有什么计划吗?

高华丽:首先,我们准备再新建一个绘本馆,因为小朋友和家长都喜欢绘本,所以想加大绘本的投入。其次,就是想再给馆内增添一些桌椅,这样周末的时候就能让更多的读者坐着阅读了。再次,就是加大志愿者的投入,馆内人手其实还是不足,周末的时候很难很好地服务到每一个读者。最后,还是希望能够申请到更多的资金,因为现在会举办很多和特殊人群有关的活动,希望能够请到更多专业的老师,给读者带来更加专业的知识。

建馆至今已经快20年了,隐藏在闹市的西城区青少年儿童图书馆不断坚持以阅读为基础,组织开展各种读书活动,在图书借阅量上甚至可以达到一个地市级的水平,七十二般变化终显成效。

# 整合资源，引领大众阅读

## ——专访大庆书友读书会创始人白玉兰、分会长贾英

张小萌

## 以图书漂流为起点，以深度阅读为落点

张小萌：大庆书友读书会是什么时候创立的？创立这个读书会的初衷是什么？

白玉兰：大庆书友读书会成立于2012年5月12日。我原来在《大庆油田报》工作，在采访过程中认识到，人们的生活品质并不仅仅取决于物质，还取决于精神。快节奏的生活媒体的出现将社会带入了浅阅读时代，我曾写了六七篇稿件去探讨浅阅读的成因、表现和影响。

2012年4月23日，第17个世界读书日来临之前，我做了上千份的调查问卷，针对大庆市民的阅读现状做详细调查。当时有两个调查记者拿着问卷走进大街小巷，结果我们发现：人们阅读的需求特别大！大家有阅读需求，但是大家都不知道如何去选择图书。二十世纪八九十年代我们都知道读什么书，但是现在出版业不断发展，书海茫茫，人们反而不知道如何去选书。

此时，我把大庆本地的一些文化领域的专家学者、作家、诗人、高校图书馆馆长和文化部门工作人员邀请来开会。当时大家都问会议的主题是什么，但是我没说，到现场才把成立读书会的话题抛出来。当时群情激昂，参加者再也不矜持，说，白玉兰你做吧，我们支持你，做志愿者。当时唐日春（大庆文化学者）站出来说，你就成立"大庆日报书友会"，后来上升到"大庆书友读书会"。这时候我不知道该怎么定位读书会了，后来我找到现在的大庆市文化广电新闻出版局局长王冬，他给我的建议是：整合资源，引领大众阅读。整合什么资源？整合整座城市的文化学者、专家、文化部门等。细说就是：管书的——图书馆，卖书的——书店，写书的——作家，读书的——读者。把所有的这些资源整合，引领大众阅读。

张小萌：大庆书友读书会办过什么样的图书交流活动？能否就特色活动介绍一下？

白玉兰：我们大庆书友读书会的首个活动就是"图书漂流"，2016年6月23日正式开始。这个活动是唐日春提出的，他说当时厦门大学正在做这件事情。二十世纪五六十年代，德国公园的长椅上，有一本书，这本书放在长椅上，没有人知道它的主人是谁。但是路人看到了会把它拿起来，看完之后写上寄语、留言，又放在那里等待下一个人，其实就是以书会友，共享书香。

第一次图书漂流活动建了8个点，在市区的图书馆、书店、大商场等。后来漂流点扩展到全市五六十个点。最经典的就是，在大庆市最繁华地带的新玛特商场的站牌下做"漂流书"。把书放到那儿，大家自取。在一个漂流点，把漂流点的书拿走了，回家看完后，再往别处放。

另外，我们还跟大庆电视台合作，以现场直播的形式介绍漂书活动。两个小时的直播，就讲漂书的故事，很多人都上台去讲漂书的故事！漂书活动是一颗种子，是一个故事，是这座城市的一个故事。在广泛的社会影响下，开始有人找上门来想要共同开展阅读活动。

张小萌：读书会如何进行深度阅读？通过什么样的形式？

白玉兰：我们通过"走出去"进行深度阅读，到哈尔滨，看完《呼兰河传》《生死场》等作品，走到萧红的故居去体验。讲《白鹿原》的时候，一位叫王平文的书友，就生活在白鹿原，说这些事他全听说过，他讲述的体验和感受让大家身临其境。读书会每周一期，每期都有不同的主题。当时提出一个理念：自由、开放、品位、前沿。为什么要自由、开放？因为我们不是要一个老师在台上讲座，大家机械地听着，而是让所有人都积极参与。我们来搭建平台，书友是主人，大家在这里面对面交流。

## 零资金推动全民阅读，零专职举办读书活动

张小萌：读书会的经济支持是什么？

白玉兰：没有经济支持。我们在书店办活动，最开始有书店赞助活动场地。现在已经不需要租场地，因为这个品牌得到了大众的认可，很多企业争先恐后地给我们提供场地，不少书店、咖啡吧等都愿意提供协助。

张小萌：读书会的人员是如何工作的？

贾英：一场300人参与、时长两个半小时的见面会，志愿者们需要提前半个月从各个地方赶来大庆。志愿者中什么人都有，有农民工，有普

通管理人员,但在这里大家身份都是一样的:书友。志愿者们通常穿着白绿相间的马甲,背后印着"读书会志愿者"的大字,胸前贴着书友会会标。引领书友入场,帮助书友签到,全程站在场地周围做好现场服务,结束后清理现场并引领书友离开。

## 线上线下互动整合,全方位交流阅读体验

张小萌:网络读书平台如何组织线上活动? 能否具体介绍一下?

白玉兰:2015年2月,志愿者张立新跟我说,白老师你读书会做得那么好,线上也得做起来。我说,线上是怎么回事? 那时候还不知道。后来他就手把手地教我们线上读书会怎么做。这个过程太痛苦了,因为网络这个东西是不可掌控的。现在已经有3个微信大群了,大概1500人。我们限制了人数,有的100~200人,有的300~400人,都是各分会的书友。现在在我们这儿注册的有40多家分会了,其他的民间自发组织不计其数,这也在无形中给线上管理增加了难度。

我们知道的有40多家分会和线上的1000多书友,实际上的参与者比这个多。从图书漂流一直到现在,至少有10万人参加,这是非常保守的数字。虽然说当时线上读书会建立时挺痛苦,但是后来线上读书会成为了连接线上线下读书会的一个纽带。

张小萌:线上主要是以什么形式进行图书交流的?

白玉兰:我们有一个主讲老师,会在线上公布某一天的几点某位主讲老师要讲什么,线下的活动也会通过线上预告报名。

贾英:有专家分享,有名著分享,有诗歌征集比赛,有诗歌朗诵。年节的时候,会根据民俗来请老师讲,还开发了有声阅读的形式。内容也

包罗万象：礼仪、人物、城市文化等，我们都在讲。例微信公众号上发布书友的文章有时会配上有声阅读。在讲萧红的时候，会连续推送几期书友王天臣关于萧红的文章，书友们可以在微信群交流，也可以写留言的方式相互交流。

线上和线下有时候是共通的，有时候线上讲完之后，可以到线下去分享。线上线下没有绝对的区分，线上大家可以交流，线下把名家和志愿者参与的活动整合到一起，既把名家的作品展示了，又把志愿者的积极性调动起来了，这是一种"互动整合"。

## 提倡"品读"模式，广泛拓展阅读范围

张小萌：读书会涉及的文化类型及组织形式内容有哪些？

白玉兰：阅读图书以"茅盾文学奖""诺贝尔文学奖"作品为主，读经典作品，但是后来拓宽了"阅读"的范围。我们读的不仅仅是书，还有读人生，读城市，读人的内心，读整个社会。我们称为"品读"。我们欣赏各种艺术，比如说音乐、交响乐、话剧等。这种"读"已经非常广泛了。一位老师说：阅读是认知这个世界，我非常认同。现在阅读的形式和内容非常多，有大型的读书会，还有"把一本书读深、读透"的涂读。读书会现在推出烛光读书会、女子读书会、晚餐读书会等各种个性化活动。例如，我们曾经举办过一个水上读书会，地点在大庆的黑鱼湖景区，在千亩荷塘上，书友们可以泛舟湖上，也可以漫步在湖中的栈桥上。观赏完美景，就在未名亭下，开始阅读。

读书会能做出一定的成绩和效果，关键是"内涵"和"内容"。我们不断地创新，不断地满足人群的需求。我想说的是：书友是主人，我们只是服务者。

张小萌:现在大庆书友读书会活动覆盖面非常广,在当地享有盛名,那么您对大庆书友读书会未来发展有什么期望?

白玉兰:做深、做细,这是读书会未来的发展方向。我们也希望和人民出版社建立联系,相互理解、相互支持。这次来参加培训也是我们读书会吸取经验和养分的一次机会。

# 读书和分享并重，依托多元形式分享新颖观点

## ——专访中信出版集团郭亚文

孙　瑞

中信出版集团作为出版行业中的佼佼者，出版过很多备受好评的书籍，但是中信并不是仅仅做书卖书，更重要的是推广阅读，分享书中优秀的思想观点。人们开始接触书籍，养成读书的习惯，参与读书分享会，和作者和书友进行沟通交流才是最为重要的。

郭亚文任职于中信出版集团市场营销中心，主要负责书籍宣传推广工作，对中信读书分享会有一定了解。2017年3月，郭亚文接受了笔者的采访，介绍了中信读书分享会运行的相关情况。

## 线上推广、线下执行、合作创新三位一体

孙瑞：中信读书分享会是线上和线下共同开展的，目前线上读书会的发展状况如何？

郭亚文：是的，中信读书分享会在线上和线下都会开展。线上的读书会，形式有微信、网络直播等。比如，在线上建立一个微信群，请原书作者或有影响力的"大咖"作为每期读书分享会的嘉宾，配备一位"讲课

助手"，再把报名参加线上读书会的人拉进群里。之前，中信美术馆（中信出版社的一个子品牌）就通过建立微信群的方式开展过线上艺术讲座。

孙瑞：现在线下的读书分享会发展状况如何？

郭亚文：每年我们都会举办300场以上不同规模的读书分享会。线下读书分享会多在中信书店进行，有时也会使用其他书店的场地。另外，我们还会和全国各大高校合作，面向学生分享业界最新研究成果、理念等。举办大型论坛，我们会选择和酒店合作，使用酒店宴会厅，容纳各行各业的精英们进行思想碰撞。除了单场读书会外，我们还策划了主题连贯的、成体系的读书论坛。

孙瑞：能否简单介绍成体系的读书论坛是什么情况？

郭亚文：近期举办的就是"中信·泰达双创"的线下读书会，是中信出版集团和天津泰达集团合作办的，2017年初的时候已经举办了双方合作的发布会，"双创读书会"旨在为创业者搭建平台，所谓"双创"就是提供创新创业理念的交流实践平台。这次活动面向的群体主要是天津泰达创业园区里的企业，他们主要关注商业、科技、创业、投资，根据需求，我们的读书分享会也围绕这一类主题。今年3月22日刚刚结束的第一次活动的主题是：领读埃隆·马斯克的冒险人生。第1期是围绕关于埃隆·马斯克的书——《硅谷钢铁侠》展开的，请到的嘉宾是这本书的译者，也是国内第一个采访到埃隆·马斯克的记者周恒星老师。周老师分享了埃隆·马斯克在创业过程中的经历和理念，该活动落地在天津泰达创业园区内，首期有100人参加。这次策划的读书会将成体系地举办下去。

另外，中信从2015年3月就开始推出的中信大讲堂——中国道路系列讲座。第1期请到中信改革发展研究基金会咨询委员、北京大学法学院教授苏力主讲"社会转型与中国法治"。中国道路系列讲座目前已举办几十期，旨在探讨研究中国发展问题，打造具有国家影响力的高端知识舆论传播平台。

孙瑞：线下读书分享会、泰达双创读书会、中国道路系列讲座这3种不同类型的活动分别有什么自己独特的理念吗？

郭亚文：泰达双创读书会和中国道路系列讲座都属于线下读书分享会。泰达双创读书会主要是服务天津泰达创业园区里的企业，分享优秀的经商之道，促进企业间的交流，提供科技和投资的新观点，弘扬阅读文化。而中国道路系列讲座是为了创建、发展"中国道路学派"。其他线下读书分享会涉及多个领域，如社科、艺术、生活、财经、管理、少儿等，主题多种多样，旨在分享前沿观点、传递积极的生活态度。

## 读书分享会依托出版平台，呈现融合性资源分享状态

孙瑞：中信的读书会分享的书籍涉及哪些领域？主要针对哪部分人群？

郭亚文：中信出版集团经过20多年发展，旗下的中信出版社年出版规模超过10亿元，年出版品种近千种，涵盖学术文化、商业财经、大众生活、少儿出版等领域。多年来，中信出版社打造了很多畅销书，在财经类图书零售市场始终名列前茅，社科出版市场排名前三，成为有较强市场

影响力的出版社。中信的读书会面向所有爱书、希望与时俱进的人。

孙瑞：中信读书分享会每年会组织300多场，是不是有一支团队专门负责这方面的事务呢？

郭亚文：我们有市场营销中心，可以组织大型读书分享会，每个分社也有自己的营销编辑。有时候市场营销中心也会协助分社联系场地、寻找资源进行合作等。每个子品牌和中信出版社之间的联系非常密切，呈现出一种融合性资源分享的状态。

## 依托多元化形式，探索阅读推广新方向

孙瑞：您觉得中信读书分享会的特点是什么？

郭亚文：形式上不设限，内容上拒绝平庸。读书分享会既可能在线上举办，也可能在线下举办。线上通过微信群聊、网络直播等，线下则利用书店、高校、酒店、商场等场地，举行演讲、小型交流、大型论坛等。"博物君"张辰亮就曾在中信书店举办过关于《海错图笔记》读书分享会，现场气氛轻松又活跃，大约150人到场；大型的高规格论坛有"世界秩序与中国角色——2015京城国际论坛"，嘉宾之一是著名外交家、美国前国务卿基辛格博士；"2015创投盛典——硅谷·中国众创巡讲"，在成都、深圳、上海、北京四地举办，硅谷创投教父彼得·蒂尔、硅谷创业孵化器YCombinator新掌门人山姆·奥特曼、李开复、俞敏洪、徐小平、潘石屹、徐新、汤道生、盛希泰、傅盛等诸多重量级嘉宾亲临现场分享创投经验。

孙瑞：办一次读书分享会具体需要考虑哪些问题？

郭亚文：需要考虑内容、场地、观众、嘉宾等。权威性的嘉宾是很重

要的；内容需要提前策划，提炼主题；场地需要根据预估的观众人数，并结合内容主题、嘉宾意愿来考虑决定；活动策划好后，提前做观众招募；而为了使活动取得最佳效果，活动前与活动后的宣传非常重要，需要联系合适的媒体，邀请媒体参加活动，并提前准备好媒体通稿。

孙瑞：中信读书分享会的活动大部分集中在北京，还是在各个城市都会举办？

郭亚文：线下活动多数在北京举办，但也在许多其他城市举办过，比如厦门、成都、上海、武汉等。读书会在许多城市都有合作良好的场地资源：校园、书店、酒店等。我们的作者刘同、大冰就曾经去全国多地举办过图书分享会。

孙瑞：有没有哪一场活动让您觉得非常精彩，记忆犹新？

郭亚文：有的。2016年4月23日，世界读书日当天，北京的北展剧场举办了大集（我们策划的活动品牌）首秀——"你，定义未来"，由中信出版集团和优酷土豆联合出品。这场活动的特别之处在于把一场知识分享会变得非常"好看"，采用了酷炫的灯光舞美及环形LED屏幕，像看演唱会一样，视觉效果非常震撼。活动主讲人是《人类简史》作者尤瓦尔·赫拉利先生，当时还邀请到了搜狗公司CEO王小川先生，中山大学天文与空间科学研究院院长李淼先生，大数据专家、观数科技创始人、原阿里巴巴副总裁涂子沛先生，贝塔斯曼中国总部首席执行官龙宇女士及当代著名哲学家陈嘉映先生这5位重量级的嘉宾。当日活动围绕"认知革命""商业的基因""数据崇拜""智能之心"4个主题展开，实现了"线下2700人、线上13.5万会员付费观看"共读一本书的盛况。据优酷土豆方面介绍，这次"大集首秀"在文化类视频节目中获得如此高关注度，其意义是史无前例的。

孙瑞：刚刚提到去年办了一场效果非常震撼的"大集"活动，2017年4月23日世界读书日的时候会不会也会办一个类似"大集"的活动呢？

郭亚文：计划2017年4月23日举办一场活动，目前还没有正式确定下来。我们不想原地踏步，所以在各个环节都尽可能创新。但万变不离其宗，希望能尽自己一点力量，让阅读的行动推广阅读文化。

# "多读书""读好书"做全民阅读的引路人

## ——专访石简读书会文化总监段宾宾

董　迎

正值开春，笔者在北京见到了从邯郸赶来参加全国读书会培训的段宾宾先生，扎着酷酷的小辫他看起来是那么不拘一格，自由奔放。段宾宾是石简书店的文化总监，也是石简读书会的负责人之一。

董迎：为什么要将书店和读书会命名为"石简"？

段宾宾："石简"，寓意有三：首先，"石简"是"时间"二字的谐音，读霍金的《时间简史》，我们从中汲取了很多灵感，他在书中提道：我们这个宇宙是多维空间，了解宇宙的形式就是从时间这个维度开始研究的。

其次，纵观历史，从时间上来讲，人类是从石器时代走到了简牍时代，又从简牍时代迈入了纸张时代，我们创办石简读书会，希望能够从纸张时代向电子时代过渡的隘口回望过去，向简牍和石器两个时代致敬。

最后，人类（特别是西方人）非常认同石器文明，西方主要的建筑，如古罗马的斗兽场、古希腊的帕特农神庙、古埃及的金字塔，这些都是用石头砌成的。

总而言之，"石简"寓意着知识的提供者，是城市文明的回归地和再出发处。

董迎：目前读书会基本的运行状况如何？

段宾宾：石简读书会成立的初衷是想在引领阅读上开展更多的工作，借助文化名人、学者专家的力量来引领大众阅读，将与阅读内容相关的专家、学者请到现场，与书友进行互动。他们的知识宽度、思维方式、眼光角度、人生历练等也会对书友有很大影响。但需要说明的是，不管是多大名气的专家来，都要结合其作品或者研究内容来为大众阅读提供专业指导。我们更多地以学术文化活动为主，秉持"每天一个沙龙，每周一个论坛"的理念，把石简读书会成纯粹的读书会，以影响更多的人，致力于构建一个公共文化空间和思想交流驿站，从而给公众提供带有审美旨趣的生活方式。

董迎：您是如何找到志同道合的伙伴一起做读书会的？

段宾宾：我们有一个团队，16个人，石简读书会的组织人员也是石简书店团队的工作人员，有律师、医生、留美博士、摇滚女歌手、大学生等，大家都是我们河北省的读书爱好者。

董迎：请您介绍一下石简读书会的创办和发展过程。

段宾宾：2016年的秋天，当时石简书店正在装修，尚未开业，我们就在石简书店的装修现场举办了第一次读书会，那时候面临的最大问题是场地问题。但石简书店在12月18日正式开业后，场地问题就迎刃而解了，但由于每个星期都会开展一次活动，所以选题成了令人苦恼的事情。

书多且种类不一,书友们又都争着抢着聊自己喜欢的书,不过在我看来这倒更是一个甜蜜的困难,毕竟可以看出大家参与热情都是极高的。

目前石简读书会发展的不错,书店每个星期一晚上7:30固定开展的活动,活动前期我们也会在微信公众平台进行推广宣传,确定下个星期的读书内容。虽然创立时间不长,但石简读书会已经成长为河北省比较有影响力的读书会了。


董迎:发展良好离不开各项活动的组织得力。成立至今,石简读书会都开展过哪些活动? 下一步是否会创新活动形式呢?

段宾宾:读书会从第1期到现在,内容涵盖几十本书,从海子到鲍勃·迪伦,从《红楼梦》到《三体》,从古代科考到诺贝尔文学奖,每场活动都能吸引几十人甚至上百人参与进来,书友反馈也很多。

除了现场读书交流外,我们也组织了书籍互换活动,征集"昨日之书",读者们可以把手中品相好的书整理出来,放在书店,供其他书友们挑选,读书会来帮忙计价,为大家提供一个旧书流动平台。唐伯虎有诗云"桃花仙人种桃树,又摘桃花换酒钱"。我们也是如此,用旧书获新知。

读书会曾发起"寒冬暖读"计划,以读书会为平台,共读经典,当时选定的书籍是木心的《文学回忆录》。活动前期做预告,把书单放在推送文章中,附上阅读要求,如要求从第10讲读到第15讲。然后明确规定参与人数、交流形式和报名方式,方便书友们及时获取活动信息。

目前,读书会主要以石简书店为场所开展各项活动,接下来将会逐步"走出去"已经和北京保利集团达成协议,将邯郸的保利剧院作为活动场所。同时,根据保利集团文化演出,如保利集团将会邀请俄罗斯芭蕾舞剧院演出《天鹅湖》,我们可以现场邀请这些演职人员、编剧参与到读书会活动中来,大家一起讨论艺术。

董迎:您刚才提到说每场活动都能吸引几十人甚至上百人参与,那么书友们是如何得知这些活动预告信息的? 对于参加活动的书友有限制吗?

段宾宾:书友主要是邯郸地区的社会人士,其中包括大学教授、公务员、律师、医生、大学生等,无论老少都可以参与其中,涵盖面非常广。每场活动都是免费的,先到先得,没有会员制度,年龄、身份都不是问题,只要你想来就可以来,我们非常欢迎。

刚才也提到了读书会以书店为依托开展各项活动,所以在宣传预告方面时,都是通过名为"石简书店"的微信公众号发布推送文章,文章中会注明具体的活动时间、地点、主题、主持人等情况,有兴趣的书友按时到场就可以了。

董迎:举办的这么多活动,有没有令您印象深刻的事呢?

段宾宾:我印象最深的是在第一次读书会结束的时候,当时很多书友不愿意走,但碍于当时书店正在装修,不走也不太可能。有位书友告诉我,他说,一个读书会办的好与坏并不取决于来多少人,而是取决于有多少人在结束后不愿意走。

董迎:现在读书会发展势头正盛,国内各种读书会也应运而生,但很多书友却评价说国内很多读书会将倡导的"全民阅读"做成了另类传销,您是如何看待这个问题的?

段宾宾:这种说法让我非常失望,我坚信石简读书会永远不会走那条路。书籍记录了历史,也承载了人类的情感,生活如此丰富,我们又何必把自己的目光局限在那些狭隘的事情上呢？

但这种说法的出现不是偶然，做得过火就很容易出事。成立读书会的目的就是促进全民阅读、加深全民阅读的体验，给公众一个因书相识、相知的平台，是一件非常美好的事情。要拿捏好火候，否则定会物极必反，过犹不及。

石简读书会将继续秉承"繁华深处，必有净土"的原则，在这个高速发达的世界里进一步呼吁大家多读书、读好书，发现世界的更多美好，让世界变得更美好。

董迎：您刚刚提到的"繁华深处，必有净土"蕴含着什么内涵？

段宾宾：在我看来，每个城市，都应该有一个书店，在那里，人们可以静下来看书、喝茶、走神、想生活；每个城市，都应该有一个空间，在那里，人们可以聊世界、话家常；每个城市，还应该有一个公共文化空间，在那里，人们可以读美丽的书、听美丽的音乐、感受美的事物，学习美的生活知识。美，也本应该就是城市生活的一部分。我们希望通过读书会，让大家走进石简，发现美好事物。可谓"繁华深处，必有净土"。

# "读书不唯书",用鲜活的形式传递阅读的力量

## ——专访大道行思读书会发起人许路遥

程怡彬

大道行思读书会依托于深圳出版集团下属的一个出版公司,2016年7月建立读书会,核心会员已达到100人左右。读书会本着"求利不唯利"的运营模式、"读书不唯书"的阅读理念运营,目前发展迅速。

## 读者定位明确,规模发展迅速

程怡彬:大道思行读书会成立的背景是什么? 现在读书会模大概有多少人? 主要针对哪些读者?

许路遥:核心会员有100人左右,但参与到读书会活动中的读者其实非常多。读书会依托于出版公司,专注于阅读经典,与其他的读物也有些不一样的地方,经典文学的受众比较稳定,有一些忠实的读者。读书会的成员很大一部分就是来源于忠实的老读者,这是大道思行读书会的一大特点,经典文学不像流行文学,很少受时间的影响,不用过多的担心读者的流失,这也是基于对读者定位的认识和思考。

## 创新"读书"形式，增加阅读附加值

程怡彬：读书会的阅读理念是什么？阅读模式又是什么样的？

许路遥：读书会的阅读模式要做到读书却不唯书，有两方面的意思：首先社会各界，上到出版社，下到书店和读者，大家都意识到了一个问题，那就是现在所谓的"读书"，不能只局限于纸质书籍，现在也有人读电子的；有人坚持深层次阅读的，也有人偏向于浅层次阅读的，甚至是碎片阅读；有人阅读文字，也有人"听书"，或者看读书视频，"书"已经成为一个泛的概念，读书会当然要读书，却也不能唯书，这个书就是狭义的概念，我们不能只捧着纸质书读。

程怡彬：读书会举办活动的理念是什么？

许路遥：想通过读书会活动来增加回馈读者。通过不同的阅读形式，让读者对书的认识不只停留在表面。强调心灵关怀，通过活动，使读者对作品的了解更深刻，获得心灵上的慰藉和满足。

程怡彬：读书会举办过哪些有特色的活动？

许路遥：读书会活动大多都与经典阅读有关，有特色的活动有两个：2016年与北京阅读季合办的"行走北京"的活动，2017年举办《生死十二年》公益活动。

"行走北京"活动的形式有很大的创新，以一种"走读"的形式开展，带着读者到双清别墅、蔡元培故居、故宫等地方，在具有文化底蕴的地方感受知识。每到一个地方都会请到一些文化名家、学者讲解此地的历史背景，带着读者旅游，同时感受历史和文化。

《生死十二年》的作者是文昕女士,是顾城的好朋友,也是一位善良勇敢、热爱生活的人。她不幸患了癌症,和癌症斗争了12年。她在书里记录了与癌症做斗争的这12年,记录了她对治疗从抗拒到配合,对医生从反感到信任的过程,还有对病友的关怀。读书会发起了"1+1"的活动,读者每买一本书我们就会向肿瘤医院的癌症患者捐赠一本,帮助在与病魔斗争的每一个患者,也算是完成了文昕老师的一个愿望。我们还将文昕老师的照片印成了明信片,在把书捐赠给患者的同时,也会请患者写下一些话,寄回到每一个读者手中。

## 读书会的可持续发展:求利但不唯利

程怡彬:读书会的资金来源是什么? 关于读书会运营的模式和经验可以与我们分享的吗?

许路遥:读书会的资金来源于出版公司,所以运营和可持续发展也是一个非常重要的问题。读书会作为一个社会组织,当然要关注可持续发展。但是我们坚持一个原则:求利但不唯利。包括两个方面的意思,首先求利,一个读书会的运营,做相关的推广阅读的活中,肯定是有成本,包括书的费用,请相关老师、专家的费用,相关工作人员的工资和设备费用等。所以做活动前也是要考虑到资金问题,每个活动有付出,也要有回报。但是在求利时一定要把握好一个度,要有底线。读书会不是纯商业的,我们的出发点是公益,是服务大家,这是底线,利润能保障读书会可持续发展,扩大规模。求利但不唯利,是对读书会、对读者负责,若是只唯利,变成了唯利是图,就会失去读者的信任。

程怡彬：关于读书会未来的组织架构您有什么打算吗？

许路遥：关于组织架构的问题，在读书会里面有这样几个角色：发起者、组织者、领读者和参与者，不同角色发挥不同的作用。

读书会的运营需要企业的参与。读书会的兴起与近些年社会环境的改变也是有一些关系的。越来越多的人在关注读书，特别是企业，现在越来越多的企业都开始成立读书会，企业可以把读书会和内部员工的培训有机结合起来，和企业文化建设结合起来，与员工的工作结合起来，共同发展。读书会的活动成本并不小，可以说在这些角色里，企业是最有能力为这些活动买单的活动。同时企业也要有担当，回报社会。

读者在读书会中也扮演了着非常重要的角色。现在很多"80后""90后"已经成为爸爸妈妈，但在他们小时候接受的是应试教育，可能有些没有形成阅读习惯，对孩子的教育不是很在行。"80后""90后"这一批年轻的读者也更需要参与进来，"少年强则国强"，培养孩子的阅读习惯意义深远。